Schilling - Angewandte Rhetorik und Präsentationstechnik

Die Deutsche Bibliothek-CIP-Einheitsaufnahme

Schilling, Gert:
Angewandte Rhetorik und Präsentationstechnik :
Der Praxisleitfaden für Vortrag und Präsentation /
Gert Schilling. - Berlin : Gert Schilling Verlag, 2003
ISBN 3-930816-58-X

Überarbeitete Auflage

Schilling, Gert
Angewandte Rhetorik und Präsentationstechnik
Der Praxisleitfaden für Vortrag und Präsentation
Gert Schilling Verlag, Berlin 2003
ISBN 3-930816-58-X

0

Inhaltsverzeichnis

Ihr Überblick

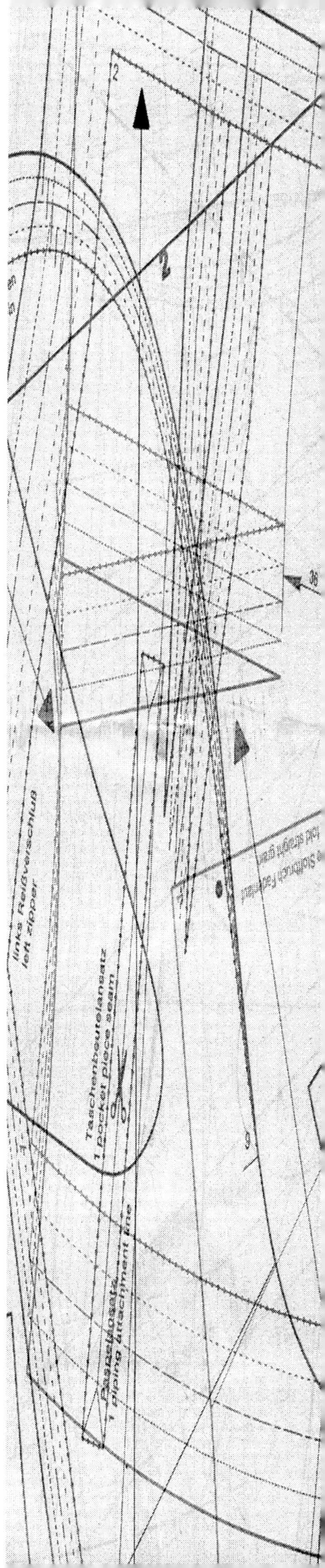

0 Inhaltsverzeichnis

0.1 Kurzübersicht

0.2 Inhalt

1

Vorwort

Bitte nicht lesen!

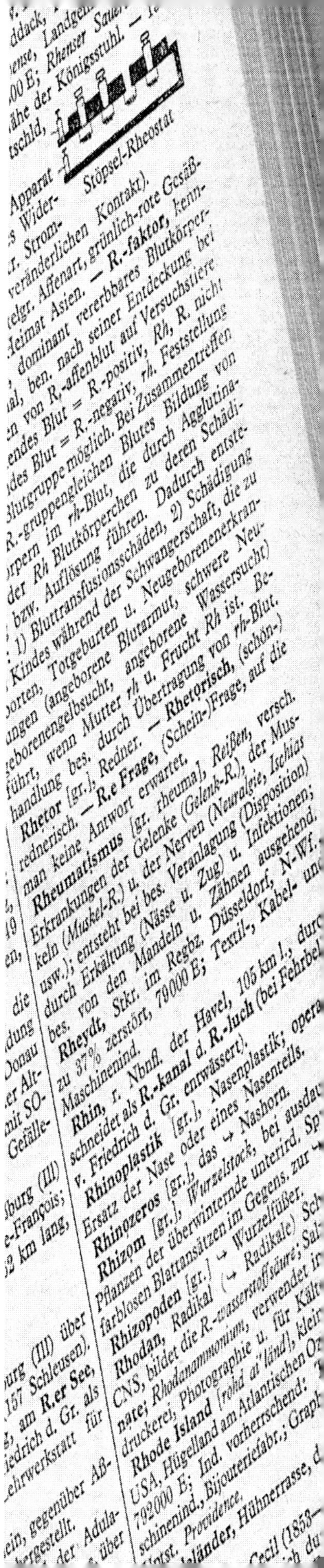

1 Vorwort

Bitte nicht lesen!!

Na, Sie lesen doch weiter. Gut, dann kann ich Ihnen auch erzählen, was ich am Anfang loswerden möchte.

Rhetorik, Präsentation. Was ist das eigentlich?

Ich besitze ein schönes altes Lexikon von 1955, welches mir schon manchen Informationsdienst erwiesen hat. Ein Blick hinein lehrt: *Rhetor (gr.), Redner. Rhetorik, Redekunst. Rhetorisch, (schön-) rednerisch.* Was ist angewandte Rhetorik? Unter angewandter Rhetorik verstehe ich ein zuhörerfreundliches Formulieren, das Sie erfolgreich in der Praxis anwenden können. Und was ist jetzt eine Präsentation? Eine Präsentation ist mehr als *»nur schön reden«*. Mit einer Präsentation verfolgen Sie Ziele und Sie arbeiten mit verbalen und visuellen Mitteln. Jede Präsentation hat ihre Eigenheiten. Es gibt nicht die Standard-Präsentation, die auf alle Situationen paßt.

Theorie kontra Praxis

Stellen Sie sich einmal vor, Sie wollen eine neue Sportart erlernen. Wir nehmen hier einfach mal Tennis oder Laufen. Sie gehen in einen Buchladen, kaufen sich ein Buch über Tennis und eins über Laufen. Wenn Sie darin herumschmökern und sonst nichts machen, werden Sie nie ein Boris oder Nurmi. Nicht mal annähernd. Was fehlt, ist das praktische Training und die Übung. Genauso ist das mit dem Buch, das Sie jetzt in den Händen halten. Der Nutzen dieses Buches liegt für Sie darin, Tips und Trainingsanregungen zu bekommen, die Sie ausprobieren können. Aber ohne praktisches Training werden Sie Ihre Rede und Präsentationstechnik nicht verbessern. Muskelkater und Rückschläge gehören dazu. Nehmen Sie jede Trainingschance wahr, die sich Ihnen bietet. So werden Sie Erfahrungen sammeln und sicherer werden. Grau ist alle Theorie, aber Sie werden sehen, daß die graue Theorie, durch die Brille der praktischen Erfahrung gesehen, immer bunter wird.

Die Innen

Da wäre noch das Problem der Innen. Der Teilnehmer oder die Teilnehmerin, die Rednerin oder der Redner, der Präsentator oder die Präsentatorin, oder wie heißt das? Ich habe lange überlegt, wie ich´s denn nun lösen soll. Das große »I« wie RednerIn oder der Schrägstrich, wie der/die Redner/in, tragen meiner Meinung nach nicht zur Lesefreundlichkeit bei.

Ich verwende in diesem Buch hauptsächlich die Bezeichnung Teilnehmer und Redner. Angesprochen sind immer alle Menschen.

Die Wiege dieses Buches

Die Keimzelle dieses Buches sind Unterlagen aus meinen Seminaren. Während der Seminare kamen immer wieder Fragen und Anregungen, die meine Seminarunterlagen soweit anwachsen ließen, daß jetzt dieses Buch entstanden ist. Ich danke meinen Seminarteilnehmern für Anregungen und Kritik.

Ich wünsche Ihnen viel Spaß beim Lesen!

2

Vorbereitung

Das A und O der erfolgreichen Präsentation

2 Vorbereitung

Gute Vorbereitung, das A und O

»In einer guten Präsentation stecken 90% Transpiration und 10% Inspiration.«

Das A und O einer erfolgreichen Präsentation ist eine gute Vorbereitung. Viele Vorträge und Präsentationen, die spontan aussehen, sind oft sehr genau vorbereitet. *»Ich kann nur das aus dem Ärmel schütteln, was ich vorher reingesteckt habe.«* Planen Sie genügend Zeit für Ihre Vorbereitung ein. Diese Vorbereitungszeit sollten Sie nutzen, sich über *Ihr Präsentationsziel* Gedanken zu machen. Was wollen Sie überhaupt mit Ihrem Vortrag erreichen.

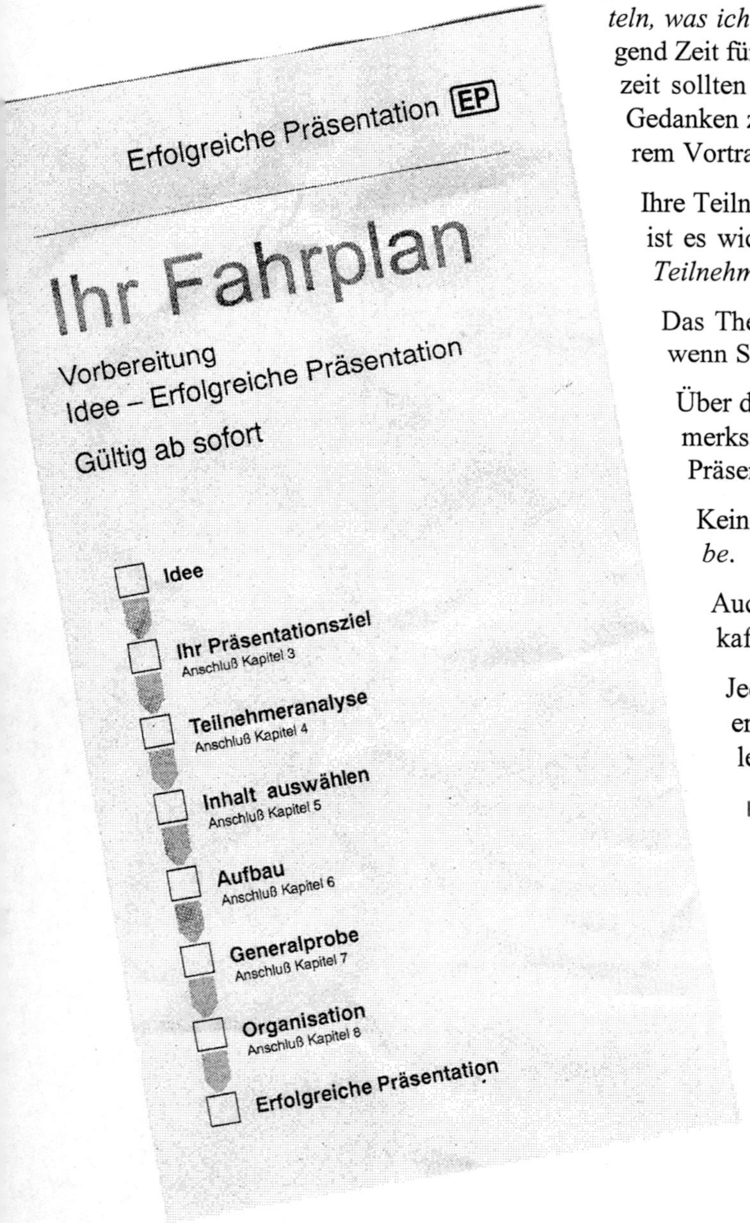

Ihre Teilnehmer stehen für Sie im Mittelpunkt, deshalb ist es wichtig, sich ein paar Gedanken in Form einer *Teilnehmeranalyse* zu machen.

Das Thema auf den Punkt zu bringen ist die Kunst, wenn Sie den *Inhalt auswählen.*

Über den richtigen *Aufbau* sichern Sie sich die Aufmerksamkeit Ihrer Teilnehmer während der ganzen Präsentation.

Keine Präsentationsvorbereitung ohne *Generalprobe.*

Auch die *Organisation* von Medien und Pausenkaffee gehört zu Ihrer Präsentation.

Jeder Station auf dem Weg von der Idee bis zur erfolgreichen Präsentation habe ich ein spezielles Kapitel gewidmet.

- Kapitel 3 *Ihr Präsentationsziel*
- Kapitel 4 *Teilnehmeranalyse*
- Kapitel 5 *Inhalt auswählen*
- Kapitel 6 *Aufbau*
- Kapitel 7 *Generalprobe*
- Kapitel 8 *Organisation*

Richtige Einteilung der Vorbereitungszeit

Kennen Sie das? Sie bereiten eine Präsentation vor. Sie suchen alles interessante Material zusammen. Die Stoffsammlung. Und wie das so ist, ein interessanter Aspekt zieht zehn weitere nach sich. Da ist ein Punkt, der noch beleuchtet werden müßte und hier noch ein Aspekt, der noch nicht bedacht war. Die Bücher, Kopien und Notizen stapeln sich auf Ihrem Schreibtisch.

Und dann ist es plötzlich fünf vor Präsentationstermin. Sie wissen jetzt zwar, *was* Sie alles sagen könnten, aber Sie wissen noch nicht *wie*. In den letzten fünf Minuten wird das »*Wie*« zusammengebastelt, Folien gemalt und Flipcharts vorbereitet. Und dementsprechend fällt die Präsentation aus. Wenn Sie so etwas schon einmal erlebt haben, geht es Ihnen wie vielen anderen. Ich empfehle Ihnen ein klares Zeitmanagement für die Vorbereitung.

50% Ihrer Zeit für das »*Was*« Ihrer Rede und 50% der Zeit für das »*Wie*«.

In der »*Wie Phase*« können Sie Folien gestalten, Pinwandkarten vorbereiten und sich überlegen, mit welchen Beispielen der Sachverhalt am besten dargestellt werden kann.

Überspitzt könnte man formulieren: *»Es ist nicht wichtig, was Sie sagen, sondern wie Sie es sagen«*. Ganz so ist es natürlich nicht, aber: Es kommt sehr viel darauf an, *wie* Sie etwas darstellen! Räumen Sie dem »*Wie*« in Ihrer Präsentation ausreichend Vorbereitungszeit ein.

Etwas Präsentieren heißt auch immer etwas zeigen. Planen Sie genügend Zeit für die Erstellung Ihrer Folien, Plakate und Darstellungen ein.

Bedenken Sie, daß Sie immer noch ein interessantes »*Was*« finden werden, aber Sie müssen auch überlegen, *wie* Sie alles darstellen. Planen Sie Ihre Vorbereitungszeit und schließen Sie konsequent nach 50% der Zeit die »*Was Phase*« ab. Auch wenn Sie die »Was« und »Wie« Phasen in Ihrer Vorbereitung nicht genau trennen, sollten sie die Hälfte Ihrer Zeit für das »Wie« Ihrer Präsentation verwenden.

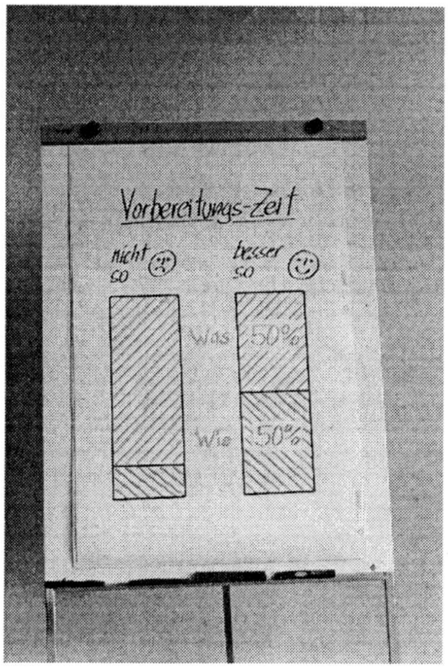

Planen Sie Ihre Vorbereitungszeit:

50% Was und 50% Wie

3

Ihr Präsentationsziel

Gezieltes Präsentieren statt zielloses Gerede

3 Ihr Präsentationsziel

Keine Präsentation ohne Ziel.

Erster Schritt Ihrer Präsentationsvorbereitung muß das Bewußtmachen Ihres Präsentationszieles sein. Sonst kommt es zu ziellosem Gerede. Sie wollen erreichen, daß die Teilnehmer Ihre Veranstaltung mit bestimmten Meinungen, Vorstellungen oder Wissen verlassen.

Haben Sie sich Ihr Präsentationsziel *nicht* bewußt gemacht, dann wissen Sie auch nicht, wie Sie Ihre Präsentation aufbauen sollen. Alle Elemente der Präsentation haben sich nach dem Ziel auszurichten. Das Ziel ist der Filter für Inhalt, Aufbau und Gestaltung.

Alles, was nicht zur Zielerreichung beiträgt, gehört nicht in die Präsentation. Bei jedem Schritt Ihrer Präsentationsvorbereitung sollten Sie sich folgende Frage stellen: *»Trägt dieser Punkt zur Erreichung meines Präsentationszieles bei?«* Viele Dinge sind interessant, aber das sollte nicht das Auswahlkriterium Ihrer Präsentationspunkte sein.

Herr Richter wollte *eigentlich* seine Teilnehmer von der Notwendigkeit einer Produktneugestaltung *überzeugen.* Dialog am nächsten Tag: *»Na, wie war die Präsentation von Herrn Richter?« »Och ja, ganz unterhaltsam.« »Und was wollte er nun?« »Tja... keine Ahnung? Hat viel über unsere Produkte erzählt und zum Schluß wurde die Zeit etwas knapp. Aber wie gesagt, sehr interessant.«* Herr Richter hat sein Präsentationsziel *nicht* erreicht.

3.1 Sachziele

Ziele müssen bewußt gemacht werden. Aber wie?

Das beste ist, Sie nehmen sich einen Zettel und schreiben Ihr Präsentationsziel oder Ihre Präsentationsziele auf. Überlegen Sie sich vorher gut, was Sie erreichen wollen. Mögliche Präsentationsziele sind:

- Ich will meine Teilnehmer über die Vor- und Nachteile des Zugfahrens *informieren.*
- Ich will meine Teilnehmer von der Notwendigkeit, sich das Präsentationsziel vorher bewußt zu machen, *überzeugen.*

- Ich will eine *Entscheidung* zugunsten einer Etaterhöhung *herbeiführen.*
- Ich will *Wissen vermitteln ...*
- Ich will *unterhalten ...*
- *... betroffen machen ...*

Natürlich kann Ihr Ziel auch die Kombination mehrerer Ziele sein. *»Ich will meine Teilnehmer unterhaltsam informieren.«* Legen Sie die Prioritäten Ihrer Ziele fest und richten Sie Ihre Präsentation danach aus.

3.2 Persönliche Ziele

»Warum haben sie diesen Vortrag eigentlich angenommen, Frau Eder? Das ist doch nur Arbeit und Streß! Und Geld gibt's auch nicht dafür.«

»Das macht nichts. Mir macht das einfach Spaß vor so vielen Leuten zu sprechen, und meinem Selbstbewußtsein tut das sehr gut.«

Aha, da scheint es ganz persönliche Motivationsfaktoren zu geben, eine Präsentation durchzuführen. Stärkung des Selbstbewußtseins, Spaß am Präsentieren oder der Wunsch nach Lob und Anerkennung.

Diese Ziele sind nichts Schlechtes, solange sie nicht ins Extreme kippen. *»Die Präsentation von Herrn Peters war ja mal wieder die reine Selbstdarstellung. Und hinterher. Mit einer ganzen Fischereiflotte ist er dann auf Komplimentenfang gegangen.«*

So natürlich nicht. Die persönlichen Ziele dürfen nicht zum eigentlichen Ziel der Präsentation werden. Die Show zur Selbstdarstellung. Aber ein gesunder Schuß Ehrgeiz und der Wunsch nach Anerkennung haben noch keinem Vortrag geschadet. Ihre persönlichen Ziele tragen viel zum Erfolg der Präsentation bei!

4

Teilnehmeranalyse

Wer sitzt eigentlich vor Ihnen?

4 Teilnehmeranalyse

4.1 Kommunikation

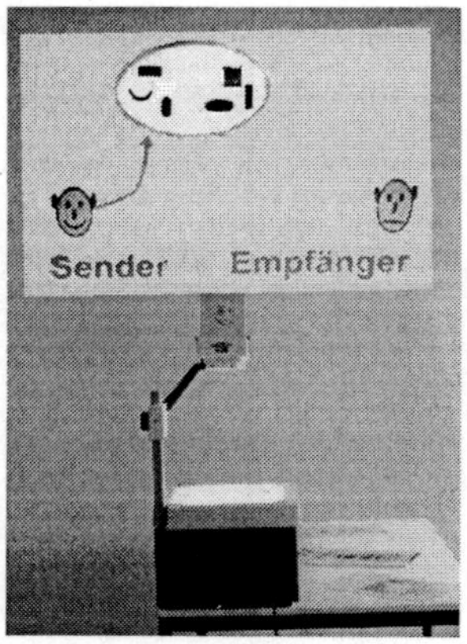

Die Informationen die Sie senden,

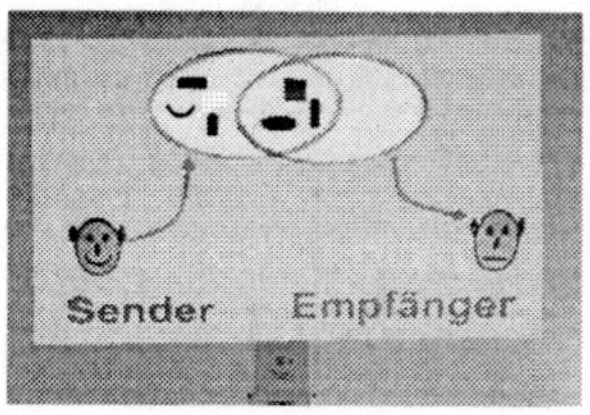

kommen nicht alle bei Ihren Empfängern an,

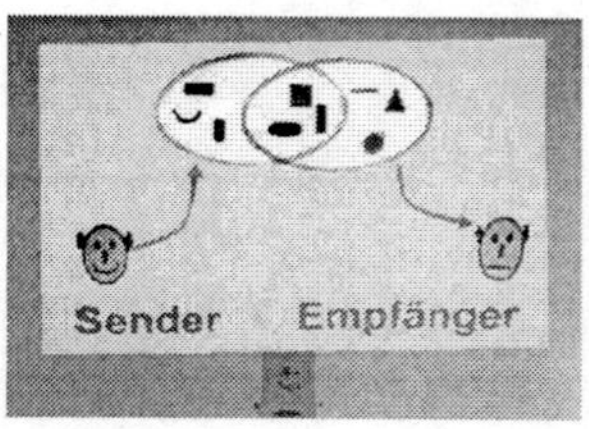

dafür andere die Sie gar nicht gesendet haben!

Das Sender-Empfänger Dilemma

Sie haben gerade Ihre Präsentation hinter sich. Unter den Teilnehmern war ein Freund von Ihnen. Sie sprechen Ihn an:

»Na Frank, wie fandest du meine Präsentation?« »Sehr gut! Wie du das mit den neuen Strukturen erklärt hast. Endlich habe ich verstanden, daß wir uns mehr auf den Binnenmarkt konzentrieren müssen. Und als ...« »Moment Moment, da hast du etwas falsch verstanden. Ich hatte gesagt, wir müssen mehr exportieren und dabei den Binnenmarkt nicht aus den Augen verlieren. Aber konzentrieren müssen wir uns auf den Export.« »Ach so.« »Und wie fandest du das Erklärungsmodell für Europa?« »Ähh...... Das habe ich gar nicht mitbekommen. Hast du darüber was gesagt?« »Weißt du was? Du hast doch jetzt auch Pause. Was hältst du davon, wenn ich dir bei einer Tasse Kaffee die Sache nochmal erkläre?«

Bei einer Präsentation können Sie davon ausgehen, daß Ihre Teilnehmer nicht alles mitbekommen, was Sie erzählen. Nicht nur, daß ein Teil verloren geht, es kommt zum Teil auch falsch an.

Das ist kein böser Wille von Ihren Teilnehmern, sondern der Normalfall. Sie haben allerdings selten die Gelegenheit, wie im obigen Beispiel, jeden Teilnehmer zu fragen, ob er alles richtig verstanden hat, um ihm notfalls bei einer Tasse Kaffee die ganze Geschichte noch einmal zu erklären.

In einem Dialog gibt es immer einen Sender und einen Empfänger. Bei einer Präsentation sind Sie der Sender und Ihre Teilnehmer die Empfänger. Bei Ihren Empfängern kommt nicht alles an, was Sie senden.

Es passiert sogar noch ein ganz anderer komischer Effekt. Bei Ihren Teilnehmern kommen Informationen an, die Sie gar nicht gesendet haben. Bei einer Präsentation gehen die Teilnehmer nicht unbedingt mit der Information nach Hause, die Sie gesendet haben, sondern mit der Information die sie empfangen haben. Ein Sender-Empfänger Dilemma. Oder schlicht ein Mißverständnis. Deshalb ist es wichtig, sich über seine Teilnehmer ein paar Gedanken zu machen.

4.2 Teilnehmeranalyse! Warum?

Ein Erlebnis aus meiner Studienzeit: Herr Schubert, der eingeladene Gastreferent, betritt den Hörsaal. Erst einmal ungläubiges Staunen über die Zuhörerzahl (400). Zur Visualisierung hatte er nur kleine Plakate vorbereitet. Nach den ersten Sätzen stellte sich heraus, daß der Vortrag eher für ein achtes, als für ein erstes Semester angebracht war. Nicht nur ich, sondern auch die meisten anderen waren sowohl geistig, als auch optisch total überfordert. Ich sah und kapierte nichts. Auch die anschließende Entschuldigung des Vortragenden, daß er mit so etwas nicht gerechnet hätte und wir das wohl entschuldigen müßten, machte die Sache nicht besser.

Damit Ihnen nicht ähnliches passiert, sollten sie sich vorher über Ihre Zuhörer ein paar Gedanken machen. Zur Vorbereitung gehört eine Teilnehmeranalyse. Das eine oder andere wird sich im Vorfeld vielleicht nicht klären lassen, aber ein Anruf beim Veranstalter hat schon manche Information zutage gefördert.

Ich höre oft das Argument, daß man lieber uninformiert über die Teilnehmer und dadurch unbelasteter in eine Präsentation gehen sollte. Ich bin anderer Meinung. Sie sollen ja keine Vorurteile sammeln, sondern Informationen. Und gut vorbereitet können Sie immer noch flexibler reagieren, als total unvorbereitet. Um sich richtig auf Ihre Teilnehmer einzustellen sollten Sie versuchen, im Vorfeld die Fragen der umseitigen Checkliste zu klären.

4.3 Der Teilnehmerkreis

Kennen Sie das? Präsentationen, bei denen die Hälfte der Leute nicht zuhört, weil es sie nicht betrifft. Oder, wo jeder seinen Senf dazu gibt, obwohl die Senfgeber nichts damit zu tun haben. Haben Sie Einfluß auf die Zusammensetzung ihres Teilnehmerkreises? Wenn ja, wer sollte dabei sein und wer nicht? Zur Klärung können Sie sich ein paar Fragen stellen:

- Wer trifft die Entscheidung?
- Wer ist betroffen?
- Wer hat das Wissen?
- Wer muß aus taktischen Gründen dabei sein?
- Wer hat Interesse?

4.4 Checkliste: Teilnehmeranalyse

Die Teilnehmergruppe

- *Wie groß ist die Gruppe?*
  2, 15, 50, 200 oder 2000 ...
- *Wie setzt sich der Teilnehmerkreis zusammen?*
  Mitarbeiter, Vorgesetzte, Kinder, Erwachsene ...
- *Wie homogen oder heterogen sind die Teilnehmermerkmale?*
  Altersgefälle, Geschlecht, Beruf, Wissensstand ...

Die Teilnehmer und das Thema

- *Welche Einstellung haben sie zum Thema?*
  positiv, negativ, neutral ...
- *Welches Vorwissen haben sie zum Thema?*
  Laien, Fortgeschrittene, Experten, Profis ...
- *Welche Erwartungen haben sie an das Thema?*
  Bekanntes wiederholen, an Bekanntes anknüpfen, neue Aspekte kennenlernen ...
- *Welche Vorurteile haben sie zu dem Thema?*
  alter Hut, funktioniert doch nicht, alles schon probiert, wissen wir schon alles ...
- *Wer trifft die Entscheidungen?*

Das Interesse der Teilnehmer

- *Wie hoch ist das Interesse an der Veranstaltung?*
  hoch, mittel, niedrig ...
- *Warum nehmen sie an dieser Veranstaltung teil?*
  freiwillig, Neugier, Zwang ...
- *Wie hoch ist die Motivation?*
  hoch, mittel, niedrig ...

Die Teilnehmer untereinander

- *Welche Einstellung haben sie untereinander?*
  Sympathie, Neutralität, Antipathie ...
- *Welche Konflikte können auftauchen?*
  Interessen-, Macht-, Geschlechterkonflikte ...
- *Wie ist das Vorgesetzten- oder Machtverhältnis?*
  Vorgesetzter, Mitarbeiter ...

Die Teilnehmer und ich

- *Welche Einstellung haben die Teilnehmer zu mir?*
  Sympathie, Neutralität, Antipathie ...
- *Welche Vorurteile haben die Teilnehmer gegenüber mir?*
  jung = unerfahren,
  alt = konservativ,
  mittel alt = langweilig ...

5

Inhalt auswählen

Was nehme ich mit?

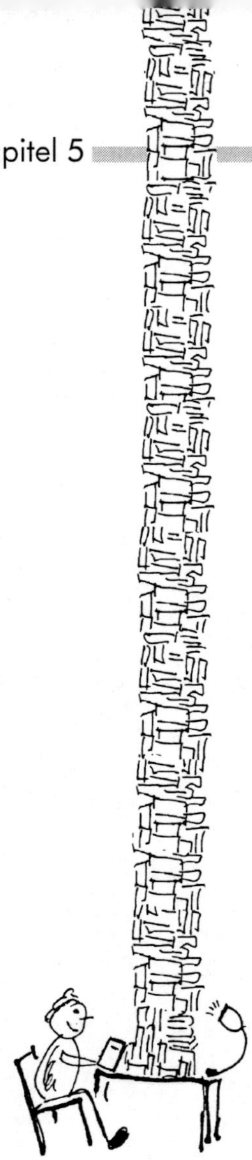

5 Inhalt auswählen

5.1 Zusammenstellen und auswählen

Sie haben ein Thema, über das Sie sprechen wollen oder müssen. Aber Ihnen fehlt noch der Inhalt mit dem Sie es füllen können. Bei der Zusammenstellung des Inhaltes können Sie nach einer klassischen Form vorgehen.

- Schreibtisch vollbauen = Inhalt sammeln
- Bücherstapel reduzieren = Inhalt selektieren
- Reduziertes darstellen = Inhalt darstellen

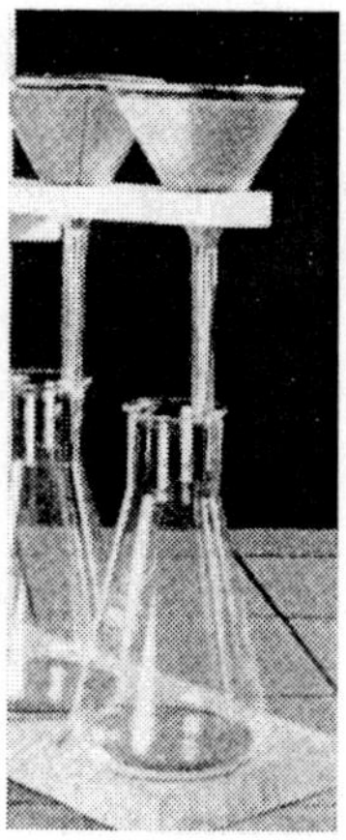

Aber was selektieren? Was herauskürzen? Was streichen? Denken Sie noch mal an das Kapitel 3, in dem es um die Präsentationsziele ging. Streichen Sie alles, was nicht zur Erreichung Ihrer Ziele beiträgt. Das Ziel ist der Filter für den Inhalt.

Reduzieren ist wichtig. Denken Sie auch an Ihre Zeitplanung. Überstrapazieren Sie Ihre Teilnehmer nicht mit zuviel Inhalt. Auch hier gilt der Satz, den Sie noch öfter in diesem Buch lesen werden: Weniger ist mehr!

5.2 Am Anfang war Leere

Sie beginnen mit der Themen- und Stoffsammlung Ihrer Präsentation. Oft stellt sich am Anfang die Frage: *»Womit anfangen? Ich habe keinen Einfall!«* Der Blick in die Ideenkiste offenbart gähnende Leere. Das Problem liegt häufig darin, daß Sie Ihre Phantasie einengen und Ihre Kreativität nicht fördern.

Ich zeige Ihnen zwei bewährte Möglichkeiten, wie Sie bei Ihrer Präsentationsplanung den Inhalt sammeln und strukturieren können.

- Karten-Struktur-Methode
- Mind-Mapping

Karten-Struktur Methode

Sie benötigen einen Stapel Karten und einen Stift. Beginnen Sie damit, daß Sie Ihre Einfälle und Assoziationen zum Thema auf die Karten schreiben und zwar pro Karte einen Einfall. Nach dieser Sammelphase können Sie die Karten sortieren und in einer Struktur auf den Boden oder Ihren Schreibtisch legen. Vorteil dieser Methode ist, daß Sie jederzeit Karten hinzufügen, wegnehmen oder verschieben können.

Mind-Mapping

Ein schlauer Forscher hat einmal herausgefunden, daß unser Gehirn in zwei Funktionshälften geteilt ist. Die linke Seite ist für das logische und rationale Denken zuständig. Phantasie, Intuition und Kreativität ist Sache der rechten Seite. Die Mind-Mapping Methode erlaubt der rechten Gehirnhälfte, ihre Ideen frei fließen zu lassen und beläßt der linken Gehirnhälfte die Möglichkeit, analytische Ordnung zu schaffen. Mind-Mapping! Wie funktioniert's? Sie brauchen:

- mehrere farbige Stifte
- farbige Marker
- großes Blatt Papier
- Sparversion: ein Stift und ein kleines Blatt Papier

Der Ablauf gliedert sich in zwei Phasen. Die erste Phase ist die Assoziationsphase und die zweite Phase die Strukturphase.

Assoziations-Regeln

In der ersten sogenannten Assoziationsphase sollten Sie sich an folgende Regeln halten:

- Versuchen Sie *nicht* auf Ihre linke Gehirnhälfte zu hören.
- Sammeln Sie so viele Ideen wie möglich.
- Schreiben Sie alles ohne Einschränkung auf, auch was Ihnen unwichtig und lächerlich erscheint.
- Benutzen Sie Farben, um wichtige Punkte hervorzuheben und Beziehungen aufzuzeigen.
- Benutzen Sie möglichst oft Bilder und Symbole.
- Füllen Sie das Blatt so schnell Sie können. Sollte Ihr Ideenfluß ins Stocken geraten, greifen Sie sich ein Schlüsselwort heraus und schreiben den ersten Einfall auf, der Ihnen dabei in den Sinn kommt. Halten Sie Ihren Ideenfluß aufrecht und grübeln Sie nicht darüber nach, ob ein Wort auch »*richtig*« ist.

1. Phase: Assoziieren

Versuchen Sie *nicht* auf Ihre linke Gehirnhälfte zu hören. Lassen Sie Ihrem Ideenfluß freien Lauf. Versuchen Sie in dieser Phase *nicht* die Ideen zu strukturieren oder zu bewerten.

Ich habe hier ein »Beispiel Mind-Mapping« zum Thema *Overheadprojektor*. Stellen Sie sich vor, Sie wollen eine Ideensammlung zum Thema Overheadprojektor durchführen. Beginnen Sie das Mind-Mapping, indem Sie das Thema in die Mitte des Blattes schreiben. Als Nächstes assoziieren Sie weitere Stichwörter zum Thema. Diese neuen Stichwörter verbinden Sie durch Linien mit dem Thema. Fallen Ihnen weitere Stichwörter ein, bilden Sie neue »Zweige« an die Sie die Stichwörter schreiben. Wenn Sie alles notiert haben, was Ihnen zum Thema einfällt, ist ein Mind-Mapping entstanden. Sie haben eine Ideensammlung zu Ihrem Thema.

2. Phase: Strukturieren

In der zweiten Phase wird die Vielzahl der Assoziationen strukturiert. Überprüfen Sie das Mind-Mapping aus einer analytischen Perspektive und streichen Sie alles Überflüssige heraus. Vielleicht zeichnen Sie das Mind-Mapping neu oder Sie übertragen es in ein strukturiertes Konzept. Sie haben jetzt einen Überblick im wahrsten Sinne des Wortes. Hatten Sie ein Thema, zu dem Ihnen am Anfang nichts eingefallen ist? Sie werden über Ihr Mind-Mapping erstaunt sein.

Mind-Mapping

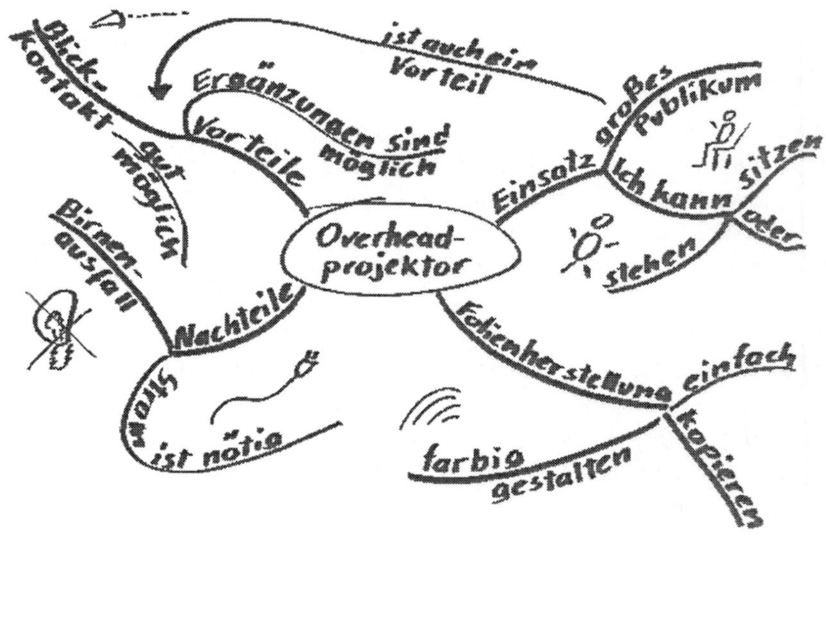

6

Aufbau

Wie die Ohren geöffnet und der Rucksack gepackt wird

6 Aufbau

Erinnern Sie sich noch an Ihre Schulzeit. Aufbau? Na? Richtig. *Eröffnung, Hauptteil, Schluß.*

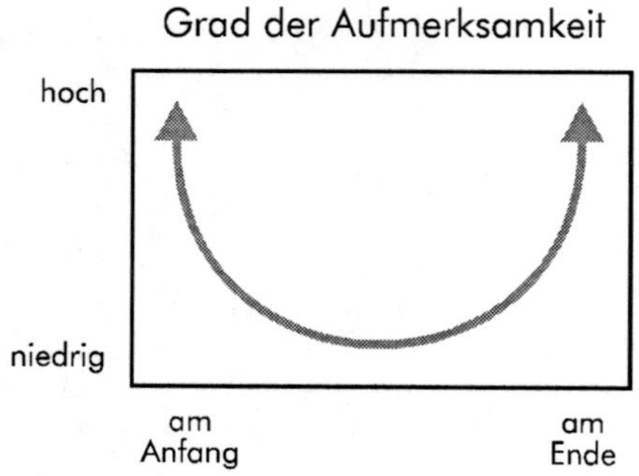

Einfach aber gut. Alle drei Abschnitte sind wichtig, aber dem Anfang und dem Schluß Ihrer Präsentation sollten Sie besondere Aufmerksamkeit schenken. Warum? Am Anfang sind alle Teilnehmer frisch und neugierig. Die Aufmerksamkeit ist hoch. Alle Augen richten sich auf Sie. Deshalb sollten Sie diesem Teil besondere Bedeutung schenken. Und der Schluß? Ihre Teilnehmer entwickeln einen siebten Sinn dafür, wann sich das Ende nähert. Auch zum Schluß ist die Aufmerksamkeit sehr hoch. Diese Aufmerksamkeit sollten Sie für sich nutzen und nicht durch Unachtsamkeit verschenken.

Ein schöner Satz verdeutlicht die Wichtigkeit von Anfang und Schluß einer Präsentation: *»Erster Eindruck entscheidet, letzter Eindruck bleibt.«*

Für den Aufbau sind folgende Abschnitte wichtig:

- Der Anfang vor dem Anfang
- Eröffnung
- Ohröffner
- Hauptteil
- Schluß

und eventuell das Einplanen einer

- Anschließenden Diskussion

6.1 Der Anfang vor dem Anfang

»Herr Koch wird uns als nächstes die neuesten Entwicklungen präsentieren.« Herr Koch steht auf und beginnt, während er sich an den anderen vorbei nach vorne zum Rednerpult drängt. *»So, gut! Dann wollen wir mal anfangen. Halt wo ist mein Zettel. Ach ja hier. So, ja gut. Wir kennen uns ja fast alle. Brauch' ich mich ja nicht vorstellen oder doch?«*

Gemurmel aus dem Teilnehmerkreis. *»Ich habe zur Darstellung der neuesten Entwicklungen ein paar Folien mitgebracht. Ja Moment, wo ist der Projektor? Ah ja, im Besprechungszimmer nebenan. Ich gehe kurz rüber und hole das Gerät.«* Herr Koch verläßt den Raum. ... Pause ... Herr Koch ist wieder da. *»Ja, das hätten wir nun erledigt. Ich beginne jetzt mit der Darstellung ...«* Nachdem Herr Koch eine Weile die neueste Entwicklung dargestellt hat, ermuntert er zu Zwischenfragen. Dadurch erwacht Herr Ritter, der seit längerer Zeit unaufmerksam war und dies jetzt durch eine Zwischenfrage zu überdecken versucht. *»Sagen sie, Herr Koch, was bedeutet die Darstellung auf dem Plakat?« »Äh, tja. Das ist die Darstellung von Frau Mainz, die vor mir präsentiert hat. Ich hatte eben keine Zeit das Plakat abzuhängen ...«*, ist die erstaunte Antwort von Herrn Koch.

»Präsentationsbühne« vorbereiten

Brechen wir hier mal ab. Sicherlich haben Sie die Fehler erkannt, die Herrn Koch unterlaufen sind? Bei Ihrer Präsentation stehen Sie auf einer Bühne. Die Medien und Unterlagen sind Ihre Requisiten. Stellen Sie sich vor, Romeo müßte seinen Degen erst aus der Requisite holen, um die Ehre Julias zu verteidigen. Oder die Bühnendekoration vom Weihnachtsmärchen wäre noch nicht abgebaut und würde verloren auf der Bühne stehen.

Machen Sie diesen Fehler nicht. Bereiten Sie Ihre Requisiten vor und reinigen Sie Ihre »*Bühne*« vom »*Präsentationsmüll*« Ihres Vorredners. Alles was nicht zu Ihrer Präsentation gehört, gehört auch nicht auf Ihre Bühne. Nehmen Sie sich die Zeit, in aller Ruhe Ihre Bühne vorzubereiten.

Kein »Wischi Waschi« Anfang

Beginnen Sie Ihre Präsentation mit einem klar erkennbaren Anfang. Kein *»Wischi Waschi«*, während Sie aufstehen oder nach vorne gehen. Nehmen Sie sich Zeit. Gehen Sie zu dem Platz, an dem Sie Ihre Präsentation beginnen wollen. Machen Sie eine Pause, bis Sie sich der Aufmerksamkeit Ihrer Teilnehmer gewiß sind. Machen Sie dann noch eine Pause, auch wenn Ihnen das sehr lang erscheinen mag. Sie nehmen die Zeit in einer anderen Geschwindigkeit wahr, als Ihre Teilnehmer. Sagen Sie sich immer: *»Die Pausen scheinen nur so lang, sind es aber nicht!«* Wenn es Ihnen hilft, zählen Sie *Ein-und-zwan-zig, Zwei-und-zwan-zig.*

Checkliste: Kein »Wischi Waschi« Anfang

- ✓ Zum »Startplatz«
- ✓ Pause
- ✓ Noch eine Pause
- ✓ Blickkontakt
- ✓ Lächeln
- ✓ Sammeln
- ✓ Deutlich Beginnen

So jetzt aber anfangen? Nein! Stellen Sie erst Blickkontakt her. Ein freundlicher Blick in die Runde. Aber jetzt endlich der erste Satz? Nein! Erfreuen Sie Ihre Teilnehmer erst noch mit einem sicheren Lächeln. Jetzt anfangen? Ja! Sammeln und klar und deutlich beginnen.

6.2 Eröffnung

Der erste Satz. Denken Sie noch einmal an das Sprichwort: *»Erster Eindruck entscheidet, letzter Eindruck bleibt.«* Untersuchungen haben gezeigt, daß sich Ihre Zuhörer in den ersten 30 Sekunden ein Urteil über Sie bilden. Dieses schnelle Vorurteil ist schwer zu verändern und beeinflußt während des ganzen Vortrages die Wahrnehmung.

Erster Eindruck: *»Der Mann ist nervös.«* Man wird während der ganzen Präsentation auf nervöse Zeichen achten. Überlegungen in die ersten Sätze sind gut investiert. In Ihre Eröffnung können Sie verschiedene Dinge packen. Aber machen Sie sie nicht zu lang.

Was können Sie in die Eröffnung alles hineinpacken? Was interessiert Ihre Zuhörer am Anfang? *»Mit wem habe ich es zu tun?« »Was ist das für ein Typ?« »Wer ist das?« »Was will er?« »Was kommt auf mich zu?« »Was nutzt mir das Ganze?« »Ist die Präsentation für mich interessant?«*

Hier eine Auswahl klassischer Eröffnungsinhalte mit denen Sie beginnen können:

- Begrüßung
- Vorstellung
- Anlaß, Thema, Ziel
- Organisation, Orientierung

»Ich freu mich, daß Sie soooo zahlreich erschienen sind ...«

Begrüßung

»Guten Tag meine Damen und Herren.« Ganz klassisch und förmlich. Oder einfach: *»Guten Tag.«* oder *»Ich begrüße Sie recht herzlich zu meiner Präsentation über ...«* Bei lockerer Atmosphäre ist es auch üblich, ohne Begrüßung gleich mit dem Text zu beginnen.

Vorstellung

Stellen Sie sich kurz vor. *»Mein Name ist Frau Huber.«* Kurz und klar. Sie können Ihren Namen auch auf ein Plakat oder auf die Tafel schreiben. Wenn Unklarheit herrscht und es für das Verständnis der Präsentation notwendig ist, sagen Sie noch kurz, was Sie sind, was Sie machen und warum Sie hier vortragen. *»Ich begrüße Sie zum Vortrag 'Faszination Karibische Inseln'. Mein Name ist Marianne Huber. Ich bin Reiseleiterin der Firma Globetours. Mein hauptsächliches Reisegebiet ist die Karibik.«*

Anlaß, Thema, Ziel

»Ziel meiner Präsentation ist es, Ihnen meine Begeisterung für die Karibik zu vermitteln. Zum Schluß sollen Sie sagen: 'Dort will ich auch einmal hin!' Und ich bin sicher, Sie werden es nicht bereuen. Sie werden dort einen unvergeßlichen Urlaub verbringen.« Warum nicht das Ziel gleich am Anfang nennen? Natürlich können Sie in Ihrer Präsentation auch darauf hinarbeiten. Oder das Thema für einen späteren Überraschungseffekt aufsparen. So aber ist alles klar. Ich kenne das Ziel und das Thema. Gut ist auch, wenn Sie das Thema visualisieren und es während des Vortrags sichtbar bleibt.

Organisation, Spielregeln, Orientierung

Als Teilnehmer längerer Präsentationen oder Präsentationsserien habe ich oft am Anfang ein ungutes Gefühl im Bauch. Und im Bauch ist hier wörtlich gemeint. Die Stimme meines Bauches ruft zu mir empor: *»Wann gibt es Kaffee? Wann ist Pause? Wann gibt es was zu Essen? Wann ist Schluß?«*

Eine unüberschaubare Zeitmasse liegt vor mir, der ich gern Struktur und Übersicht geben würde. Einen Zeitplan. *»Der heutige Tag wird wie folgt ablaufen: Wir machen gegen 11.00 Uhr eine zehnminütige Pause, und um 13.00 gehen wir gemeinsam zum Mittagessen ...«*

Der Überblick ist klar. Mein Bauch ist zufrieden. Ich kann in aller Ruhe zuhören und mich konzentrieren. Wenn diese Tagesordnung auch noch auf einem Plakat an der Wand hängt, bin ich vollends beruhigt.

Klären Sie möglichst am Anfang den Ablauf, die Tagesordnung, das Organisatorische und die Spielregeln. Das gibt Ihren Teilnehmern Orientierung und Sicherheit. Die Zuhörer konzentrieren sich dann auf den Vortrag und beschäftigen sich nicht mehr damit, ob nun geraucht werden darf oder nicht, ob man gemeinsam oder getrennt zum Mittagessen geht und wann der Vortrag zu Ende ist, damit sie ihren Zug noch rechtzeitig bekommen.

Klären Sie, ob Sie Zwischenfragen zulassen oder ob erst am Schluß gefragt werden soll.

Auch bei kürzeren Vorträgen kann der Satz: *»Ich brauche nur fünf Minuten, um Ihnen die Vorteile des neuen Verfahrens vorzustellen ...«*, die Aufmerksamkeit erhöhen. Fünf Minuten. Kein Problem, solange kann ich aufpassen. Sie sollten aber dann auch wirklich nur fünf Minuten brauchen und nicht dreißig.

6.3 Ohröffner

Muß das denn sein? Begrüßung und Vorstellung am Anfang? Klares Nein! Am Anfang ist die Aufmerksamkeit hoch. Dies können sie nutzen, indem Sie gleich mit etwas Ungewöhnlichem anfangen und die Aufmerksamkeit Ihrer Teilnehmer fesseln.

Was Sie dafür brauchen ist der richtige Ohröffner. Eine Geschichte, Episode oder einen besonderen Effekt, der die Ohren Ihrer Teilnehmer öffnet und sie bereit macht Ihnen zuzuhören. Diesen Ohröffner können Sie vor oder nach den üblichen Eröffnungsinformationen einbauen. Wichtig ist nur, daß Sie einen Ohröffner einsetzen. Die Wirkung eines ungewöhnlichen Präsentationseinstiegs ist enorm und Sie werden überrascht sein, wie gut er bei Ihren Teilnehmern ankommt. Alle Ohröffner haben drei gemeinsame Eigenschaften:

- Der Ohröffner muß ungewöhnlich sein
- Der Ohröffner muß zum Präsentationsthema passen
- Der Ohröffner muß kurz sein

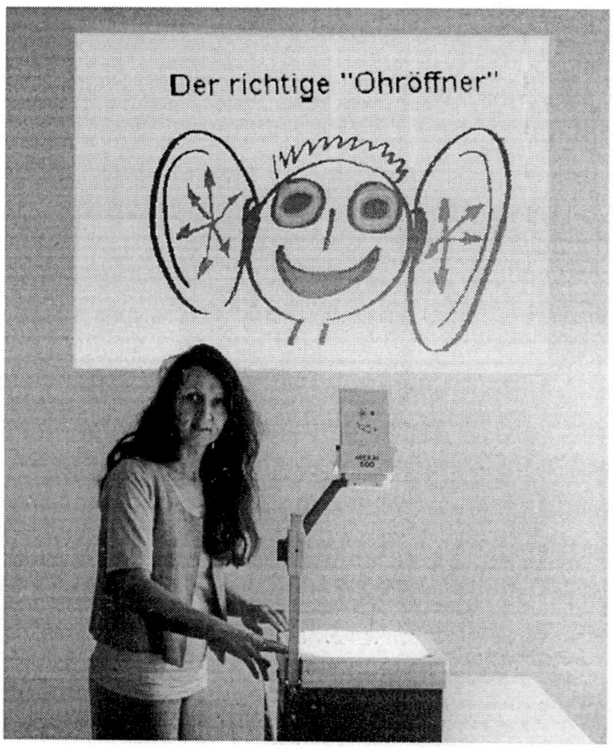

Was ist das denn jetzt ein Ohröffner? Ich habe Ihnen hier eine Auswahl möglicher Ohröffner zusammengestellt:

- Geschichte

»Demostenes war ein berühmter griechischer Rhetoriker. Aber er kam nicht als guter Redner auf die Welt. Ganz im Gegenteil. Er stotterte und sprach zu leise. Aber damit fand er sich nicht ab. Er ...« Den Rest der Geschichte finden Sie im Kapitel 16. Natürlich sollte die Geschichte zur Präsentation passen.

- Persönliches Erlebnis

»Als ich heute im Zug hierher gefahren bin, da ist mir folgendes passiert ...« »Eben in der Pause bin ich zu folgendem Punkt angesprochen worden ...«, was natürlich auch Bezug zum Thema haben sollte.

- Schock, Provokation

Vorsichtig damit. Sie sollten Ihre Teilnehmer nicht verärgern. Einmal verspielte Sympathie ist schwer zurück zugewinnen. Der erste Satz einer Gewerkschaftsversammlung könnte dennoch lauten: *»Jeder zweite von Euch wird entlassen werden, und Ihr laßt Euch das gefallen wie Schafe, die zum Schlachter geführt werden ...«*

- Zitat

Sie wollen einen Overheadprojektor für Ihre Abteilung, haben eine kleine Präsentation vorbereitet und beginnen mit dem Satz: *»Ein altes chinesisches Sprichwort sagt: 'Ich höre und vergesse, ich sehe und erinnere'!«*

- Aktuelles Ereignis

»Heute morgen habe ich in der Zeitung gelesen, daß ...« Oder Sie nehmen auf ein Ereignis Bezug, das Sie und Ihre Teilnehmer kurz vorher erlebt haben. Zum Beispiel die Präsentation des Vorredners oder das Gespräch in der Pause. So einen Anfang nennt man auch »Situativen Einstieg«.

- Rhetorische Frage

»Wie können Sie gleich am Anfang die Aufmerksamkeit Ihrer Zuhörer wecken? Ich werde Ihnen Möglichkeiten aufzeigen mit denen Sie Erfolg haben werden ...«

- Witz

In Amerika ist es sehr gängig mit einem Witz zu beginnen. Wenn Sie kein Witzetyp sind, seien Sie vorsichtig mit diesem Ohröffner. Auf jeden Fall muß der Witz zum Thema passen. Nicht nach dem Motto *»Kennen Sie den schon ...»*

6.4 Hauptteil

Auf das Wichtige und Wesentliche beschränken

Stellen Sie sich vor, Sie wollen eine lange Wanderung machen und sind gerade dabei Ihren Rucksack zu packen. Was nehmen Sie alles mit? Ihren Fernseher, Ihre Nachtischlampe und Ihren Schreibtischstuhl? Oder eher etwas zu trinken und zu essen, eine Landkarte und einen warmen Pulli.

Wahrscheinlich überlegen Sie sich ganz genau was Sie mitnehmen müssen, um bei der Wanderung nicht vom schweren Rucksack erdrückt zu werden. Sie reduzieren den Inhalt Ihres Rucksackes auf das Wichtige und Wesentliche. Bei einer Präsentation können Sie einen Sachverhalt nie bis ins letzte Detail darstellen. Natürlich sind viele Punkte interessant. Aber nur wenige Punkte sind *wirklich* wichtig und wesentlich. Reduzieren Sie den Inhalt auf das Wesentliche. Stellen Sie sich Ihre Präsentation wie einen Rucksack vor, den Sie auf eine lange und beschwerliche Wanderung mitnehmen müssen. Packen Sie nur wenig ein. Stellen Sie bei Ihrer Präsentation lieber das Wichtige deutlich heraus, als sich mit Nebensächlichkeiten zu beladen. Entpacken Sie Ihre Präsentation. Sie erleichtern Ihren Teilnehmern das erfassen der Präsentationsinhalte. Wenn Sie sich auf das Wesentliche beschränken, verringern Sie die Gefahr wirr und unübersichtlich durch Ihre Präsentation zu hetzen.

Den Inhaltsrucksack nicht zu voll packen. Inhalt auf das Wichtige und Wesentliche reduzieren!

Wichtiges und Wesentliches deutlich herausstellen!

Roten Faden deutlich machen

Der berühmte rote Faden. Ihre Präsentation muß einen Sinnzusammenhang haben. Kein wirres Durcheinander. Ihre Aufgabe ist es, den roten Faden zu entwirren. Werfen Sie Ihren Teilnehmern kein undurchschaubares Durcheinander vor die Füße. Mit den hier vorgestellten Möglichkeiten erleichtern Sie Ihren Teilnehmern die Verfolgung des roten Fadens.

- Visualisierte Gliederung

Sie können eine Folie vorbereiten oder ein Flipchart schreiben, auf dem die Gliederung steht. Am Anfang geben Sie einen kurzen Überblick. Während der Präsentation weisen Sie immer wieder darauf hin, wo Sie sich gerade befinden. Dabei legen Sie die Gliederungsfolie auf oder weisen auf das Flipchart. Diese Übersicht bildet die Insel des Bekannten und hilft Ihren Teilnehmern, den Überblick zu behalten.

- Verbale Gliederung

Sagen Sie Ihren Teilnehmern, wenn Sie zu einem neuen Hauptpunkt kommen, wenn Sie wichtige Punkte erklären oder wenn Sie etwas zusammenfassen. *»Ich komme jetzt zu Punkt vier ...« »Die drei wichtigsten Punkte sind: Erstens ...«* Fassen Sie wichtige Punkte zusammen. Somit bieten Sie Ihren Teilnehmern eine Wiedereinstiegsmöglichkeit. *»Zusammenfassend läßt sich bis hier sagen, daß ...«* Wenn jemand kurz unaufmerksam war, hat er hier die Chance wieder einzusteigen.

Gliederung

Es gibt keine »Normgliederung«, ein Schema welches auf alle Ihre Vorträge passt. Jedes Thema ist anders und erfordert einen eigenen roten Faden. Dennoch gibt es zwei Gliederungsmöglichkeiten die Sie als erstes Gerüst für Ihren roten Faden verwenden könne. Die »zeitliche Gliederung« und die »logische Gliederung«.

Auch wenn Sie sehr schnell oder spontan eine Rede halten dürfen, helfen diese »Grundgliederungen« beim Strukturieren. Gliederungstips für Überzeugungspräsentationen finden Sie im Kapitel 10.

- Zeitliche Gliederung

Hier gliedern Sie nach der zeitlichen Abfolge. Sinnvollerweise nach dem aus der Vergangenheit kommenden und in die Zukunft gerichteten Zeitstrahl. Hilfsfragen dazu sind: »Was war?« »Was ist?« und »Was wird oder soll sein?«

Vergangenheit
↓
Gegenwart
↓
Zukunft

Problem
↓
Ursache
↓
Lösung

■ Logische Gliederung

Bei der logischen Gliederung wird erst ein Problem oder eine Situation geschildert. Der nächste Punkt ist die Frage: »Welche Ursache oder Ursachen hat dieses Problem?« Und schließlich wird die Lösung präsentiert. »Welche Lösungsmöglichkeiten gibt es und welche davon ist die beste?«

6.5 Schluß

Letzter Eindruck bleibt. *»So das wär's.« »Gut, dann bin ich am Ende.« »Dann mach ich hier Schluß.« »Jetzt fällt mir nichts mehr ein.«* So nicht!!

Sie werden als derjenige in Erinnerung bleiben, der *am Ende ist* und dem *nichts mehr einfällt.* Nichts in einer Präsentation wird so oft vermasselt wie der Schluß. Der Schluß und ganz besonders der Schlußsatz muß wohl überlegt sein und sitzen.

Leicht überspitzt: *»Der Schluß muß ein Knüller sein, der Ihre Zuhörer von den Stühlen reißt und Beifallsstürme auslöst.«* Etwas milder: *»Die Zuhörer müssen wissen, wann Sie klatschen dürfen.«* Ich habe schon Vorträge erlebt, da war das nicht erkennbar. Da habe ich mich gefragt, kommt jetzt noch was oder nicht?

Kennen Sie die Sinfonien von Beethoven? Wenn Sie Lust haben, dann hören Sie sich von der Fünften den letzten Satz an und achten Sie auf den Schluß. Natürlich gibt es nur einen tatsächlichen Schluß, aber vorher gibt es ein paar Scheinschlüsse. Da denkt man immer: *»Jetzt ist Schluß, jetzt, nein es geht wieder weiter aber jetzt, nein doch nicht.«*

Vermeiden Sie in Ihrer Präsentation solche Scheinschlüsse. *»Vielen Dank für Ihre Aufmerksamkeit. Halt Moment, das wollte ich noch sagen ... und das noch ... und das ist auch noch wichtig ... jetzt bin ich aber gleich fertig ...«* Wenn Schluß ist, ist Schluß. Ziehen Sie den Schluß nicht in die Länge. Ihre Teilnehmer merken, wenn Sie zum Ende Ihres Vortrags kommen. Die Aufmerksamkeit steigt. Verschenken Sie diese Schlußaufmerksamkeit nicht.

Was können sie inhaltlich in den Schluß packen?

■ Zusammenfassung

»Drei Dinge haben wir besprochen. Erstens: Den Anfang ...«

- Resümee oder Schlußfolgerung

»Mein Resümee ist, daß Sie bei Ihrer Vorbereitung viel Wert auf Einstieg und Schluß legen müssen!«

- Appell

»Deswegen der Appell an Sie: Achten Sie auf den ersten und letzten Satz Ihrer Präsentation.«

- Verabschiedung

»Ich wünsche Ihnen noch einen schönen Abend. Auf Wiedersehen.«

- Fortsetzung ankündigen

»Ich habe Ihnen heute einen Einstieg in das Thema Präsentation gegeben. Nächste Woche erfahren Sie, wie Sie Ihre Teilnehmer überzeugen können.«

- Prognose

»Ich muß kein Hellseher sein, um zu sagen, wenn wir weiter so mit unserer Umwelt umgehen ...«

- Aufgaben absprechen

»Herr Laut übernimmt die Organisation der Kapelle, Frau Schlemmer die Organisation des kalten Büffets. Ich werde mich um die Getränke kümmern. Ich danke Ihnen und wünsche Ihnen einen guten Heimweg.«

6.6 Diskussion

Häufig ist im Anschluß an eine Präsentation eine Diskussion vorgesehen. Berücksichtigen Sie diese Diskussionszeit in Ihrem Zeitplan. Wenn für Ihre Präsentation 30 Minuten eingeplant sind und anschließend die Möglichkeit zur Diskussion bestehen soll, dürfen Sie für Ihren eigentlichen Vortrag höchstens 20 Minuten einplanen. Ist keine Zeitbegrenzung vorgegeben, dann setzen Sie sich selber eine.

»Wir haben jetzt noch 10 Minuten, um über das Thema zu diskutieren.« Wenn der Zeitrahmen vorher bekanntgegeben wurde, wird niemand böse sein, wenn Sie die Diskussion nach 10 Minuten abbrechen. *»Ich breche die Diskussion an dieser Stelle ab. Man könnte sicherlich noch viel zu diesem Thema sagen ...«*

Häufig besteht nach einer Präsentation nur die Möglichkeit, Fragen an den Referenten zu stellen. Dies ist natürlich keine Diskussion im eigentlichen Sinne. Aber manchmal läßt die Größe der Teilnehmerzahl keine andere Form zu. Je nach Situation, Größe des Plenums und des Diskussionsziels, ergeben sich unterschiedliche Formen der Diskussion.

- Die Teilnehmer haben die Möglichkeit Fragen zu stellen
- Die Teilnehmer diskutieren nur mit Ihnen
- Die Teilnehmer diskutieren untereinander und mit Ihnen

Tips eine Diskussion in Gang zu bringen

Der Knackpunkt eines Diskussionsanfangs ist die erste Frage. Ist die gestellt, läuft's von selbst. Hier einige Tips, um die ersten Anlaufschwierigkeiten zu meistern.

- Freundlich zum Fragen einladen

»Ich würde mich freuen, wenn wir noch kurz über das Thema diskutieren. Welche Fragen haben Sie noch?« Warten Sie jetzt einen Moment. Ihre Teilnehmer haben die ganze Zeit zugehört und brauchen jetzt erst einmal eine kleine Bedenkpause. Haben Sie Geduld. Nach meiner Erfahrung stellt dann doch jemand die erste Frage. Nicht in einem Atemzug: *»Habensienochfragengutkeinemehraufwiedersehen!«*

- Notfalls erste Frage selbst stellen

»Die Frage, die ich mir bei diesem Thema immer stelle, ist...«

- Nach Erfahrungen der Teilnehmer fragen

»Welche Erfahrungen haben Sie mit diesem Thema gemacht?«

- Trick: Erste Frage durch einen Bekannten stellen lassen

Die erste Frage will niemand stellen. Regietrick: Sprechen Sie vorher mit einem Bekannten ab, daß er die erste Frage stellt. Diese erste Frage sollte eine einfache, nicht hochgestochene Frage sein. Das ermuntert die anderen Teilnehmer.

- Einen Teilnehmer oder eine Teilnehmergruppe direkt ansprechen

»Frau Förster, was meinen Sie dazu?« Das ist etwas direkt. Verunsichern oder irritieren Sie niemanden. Wenn Sie Ihre Teilnehmer gut kennen, wissen Sie auch, wen Sie so direkt ansprechen können. Ihren bekannten »Schnellstarter« können Sie direkt einbeziehen. Ist Ihnen die Empfindlichkeit der Teilnehmer nicht bekannt, fragen Sie besser nach Erfahrungen oder Meinungen. *»Herr Vogt, welche Erfahrungen haben Sie mit diesem*

Punkt gemacht?« »Welche Meinung haben denn die Handwerker zur neuen Lohnregelung?«

- Nach dem ersten Beitrag danken und zu neuen Fragen auffordern

»Vielen Dank für diesen Beitrag. Was gibt es zu diesem Thema noch zu sagen?«

- Den ersten Beitrag bewußt falsch verstehen

Durch bewußtes Falschinterpretieren des ersten Beitrags locken Sie Widerspruch hervor. Die Diskussion kommt in Gang. *»Wenn ich Sie richtig verstanden habe, meinen Sie, daß wir alle unsere Autos abgeben sollen?« »Nein nein, so habe ich das nicht gemeint ...«*

Tips eine Diskussion zu dämpfen

- Auf die vereinbarten Diskussionsregeln hinweisen

»Wir hatten zu Beginn der Diskussion Regeln vereinbart. Ich bitte Sie, sich danach zu richten.« »Ich erinnere nochmal an die Diskussionsregeln.« Vermeiden Sie, bestimmte Teilnehmer direkt anzusprechen. Das wirkt schulmeisterlich. Nur in hartnäckigen Fällen direkt ansprechen.

- Zum Thema zurückführen

»Dieser Punkt führt jetzt etwas zu weit. Wir hatten uns für das Thema Weiterbildung entschieden, und bei diesem Thema sollten wir auch bleiben.« Sie können auch von vornherein bestimmte Themen ausklammern. *»Auch Sicherheit und Umweltschutz sind Punkte, die unser heutiges Thema berühren. Ich möchte aber, daß wir uns jetzt erstmal auf den Punkt Kosten konzentrieren.«*

- Auf das Diskussionsziel hinweisen

»Ich weise nochmal darauf hin, daß wir zu einer Lösung kommen sollten.« Oder das Ziel der Diskussion ist ein Meinungsaustausch. *»Ziel der Diskussion ist, daß wir die unterschiedlichen Standpunkte kennenlernen. Ziel ist nicht, uns gegenseitig zu überzeugen.«* Dieser Hinweis hilft auch, gegenteilige Meinungen zu akzeptieren.

- Diskussion zusammenfassen

Bilden sie von Zeit zu Zeit einen ruhenden Pol in der Diskussion. Fassen Sie das Vorgetragene zusammen. *»Bis jetzt haben sich folgende Meinungen herauskristallisiert.«* Es ist sinnvoll, wenn Sie für alle sichtbar, die Diskussionsbeiträge stichwortartig mitschreiben. Das verhindert Wiederholungen.

Tips eine Diskussion zu beenden

Warten Sie nicht, bis die Diskussion verebbt und niemand mehr etwas sagen will. Stecken Sie vorher einen Zeitrahmen ab und halten Sie sich daran.

- Auf die Zeit verweisen und für Beiträge danken

»Wir können sicherlich noch lange über dieses Thema diskutieren, aber die Zeit ist leider vorbei. Ich danke Ihnen für Ihre Diskussionsbeiträge!«

- Guten Beitrag zum Beenden der Diskussion nutzen

»Ich denke, das ist ein gutes Schlußwort. Ich danke Ihnen allen für Ihre interessanten Beiträge.«

- Letzter Beitrag

Bei einem kleineren Teilnehmerkreis können Sie alle um eine letzte Stellungnahme bitten. *»Ich bitte Sie darum, daß jeder von Ihnen seinen Standpunkt in einem abschließenden Satz kurz zusammenfaßt. Ich schlage vor, daß Frau Röder den Anfang macht.«* Achten Sie darauf, daß die Schluß-statements auch wirklich kurz sind, und daß keine neue Diskussion aufkommt.

- Diskussion zusammenfassen

»Zum Schluß werde ich noch einmal die Beiträge zusammenfassen.« Wenn Sie sich während der Diskussion Notizen gemacht haben, können Sie problemlos eine Zusammenfassung der Diskussionsbeiträge geben. Achten Sie darauf, daß Sie hier nicht nur Ihre Meinung wiedergeben, sondern das gesamte Spektrum der Diskussionsbeiträge.

7

Generalprobe

Der wichtigste Tip zur Verbesserung Ihrer Präsentationsqualität

7 Generalprobe

Eine Generalprobe ist *die* Vorbereitung überhaupt. Machen Sie eine Generalprobe. Am besten, Sie proben so lange bis alles klappt. Die Präsentation vorher zu trainieren ist ganz ganz wichtig. Unbedingt eine Generalprobe durchführen!!!

7.1 Realistische Generalprobe

Wenn ich eine Präsentation vorbereite, lade ich immer meine Nachbarin zur Generalprobe ein. Sie bekommt Bier und Zigaretten hingestellt und muß oder darf sich dann meinen Vortrag anhören. Da wir uns schon lange kennen und gut befreundet sind, bekomme ich danach auch ein ehrliches und oft schonungsloses Feedback.

Diese Generalproben haben mich schon vor manchem Fehler bewahrt. Ich bin vorher auf Dinge aufmerksam gemacht geworden, die in der richtigen Präsentation schiefgelaufen wären. Haben Sie niemand als Zuhörer für eine Generalprobe, dann führen Sie eine alleine durch. Gestalten Sie Ihre Generalprobe so realistisch wie möglich. Das heißt vor allem laut sprechen. Sind Sie alleine, wird Ihnen das am Anfang vielleicht komisch vorkommen und Ihre Nachbarn denken, daß Sie jetzt endgültig durchgedreht sind. Sie stehen allein in Ihrer Wohnung und sprechen vor sich hin. Laut sprechen ist aber unbedingt notwendig.

Wenn Sie Ihre Präsentation nur in Gedanken durchspielen, können Sie Zeit und Wirkung nicht richtig einschätzen. Zur besseren Selbstbeurteilung können Sie auch Ihre Präsentation auf Kassettenrecorder oder auf Video aufzeichnen. Das ist aber nicht unbedingt nötig. Haben Sie keinen Overheadprojektor oder kein Flipchart zu Hause, dann improvisieren Sie. Legen Sie Ihre Overheadfolien auf einen Tisch, als wäre es ein Projektor oder schreiben Sie mit einem Stift auf das imaginäre Flipchart.

Bei der Generalprobe werden Sie feststellen, daß manche Dinge gar nicht so funktionieren, wie Sie sich das gedanklich vorgestellt haben. Vorstellung und Realität liegen da manchmal weit auseinander.

»Ich werde nur fünf Minuten sprechen ... bla ... bla ... bla ...«

7.2 Zeitplanung

Während Ihrer Generalprobe haben Sie eine gute Möglichkeit Ihr Timing zu prüfen. Starten Sie mit Beginn der Generalprobe eine Stoppuhr. An wichtigen Punkten Ihrer Präsentation notieren Sie sich die »Zwischenzeiten«. Diese Zwischenzeiten können Sie auf Ihren Stichwortzetteln notieren. So haben Sie während der Präsentation immer eine Kontrolle, ob sie noch »*gut in der Zeit liegen*«.

Der Referendar fragt den Pfarrer: »*Wie lange sollte ich predigen?*« »*Predigen Sie so lange, wie Sie wollen, aber ich glaube nach zwanzig Minuten retten wir keine Seelen mehr*«, ist die Antwort des Pfarrers.

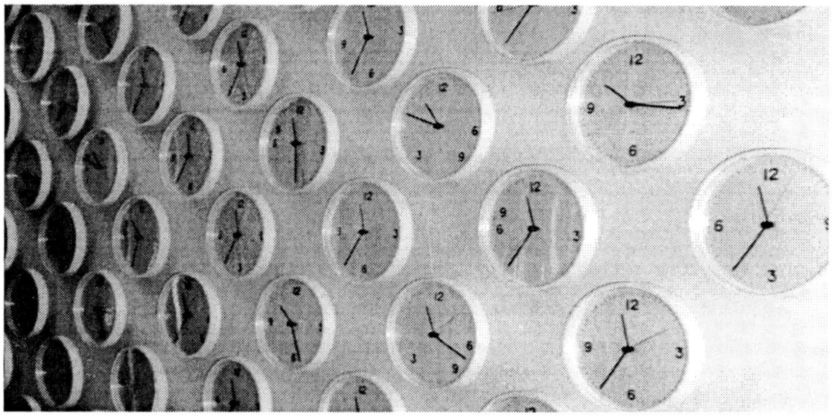

Die Zeitplanung bei einer Präsentation ist eine knifflige Sache. Die Aufmerksamkeit läßt innerhalb einer Stunde stark nach. Entweder Sie kürzen Ihre Präsentation auf höchstens eine halbe Stunde oder Sie machen eine Pause. Ist beides nicht möglich, planen Sie in den kritischen Phasen »Aufmerksamkeitswecker« aus Kapitel 9 ein.

Sparen Sie sich Ankündigungen wie: *»Ich werde mich kurz fassen.« »Ich habe wenig Zeit, deshalb werde ich Ihnen nicht alles sagen können.« »Ich hoffe, daß ich in einer Stunde fertig bin.«* Besser ist, Sie fassen sich wirklich kurz und beenden Ihre Präsentation pünktlich. Manchmal denke ich, es besteht so eine Art Überziehungszwang. Nach dem Motto: *»Wenn ich pünktlich Schluß mache, denken meine Teilnehmer ich hätte nichts zu sagen.«* Wenn Sie eine Stunde für einen Vortrag Zeit haben und zum Schluß sind noch fünf Minuten übrig, dann beenden Sie Ihren Vortrag wie geplant. Füllen Sie nicht die letzten Minuten mit belanglosem Gerede.

Zeitfresser einplanen

Ihre Zeitplanung kann durch viele Faktoren ins Wanken geraten. Sie sollten die »Zeitfresser« einkalkulieren, die Ihnen mit Sicherheit ein paar Minuten wegfressen werden.

- Zeitklau vom Vorredner

Bei Vortragsserien kann Ihnen passieren, daß Ihr Vorredner seine Zeit überzieht. Das heißt noch lange nicht, daß Sie das auch dürfen oder sollen, aber schon sind ein paar Minuten von Ihrer Zeit »abgebissen«.

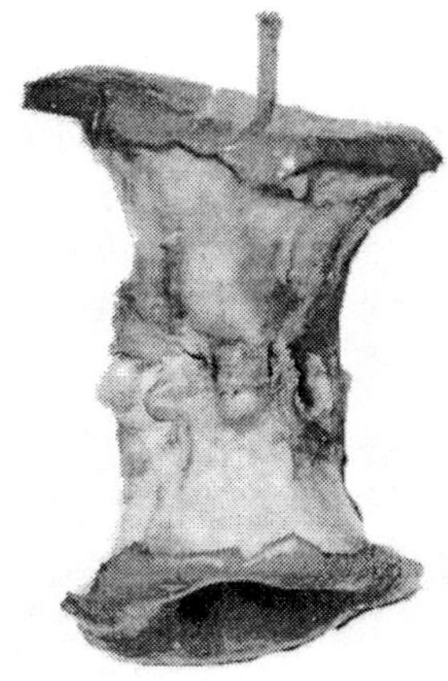

- Sie werden vorgestellt

Bei größeren Veranstaltungen ist es oft üblich, daß man Sie als Referenten vorstellt. Das kann dauern und geht von Ihrer Vortragszeit ab.

Als Tip: Bereiten Sie einen kleinen Stichwortzettel für den Veranstalter vor, auf dem die wichtigsten Daten über Sie stehen. Meist wird dann auch nur das über Sie gesagt, was Sie wollen. Sonst kann die Vorstellung Ihrer Person sehr lange werden und häufig auch falsch.

■ Zwischenfragen

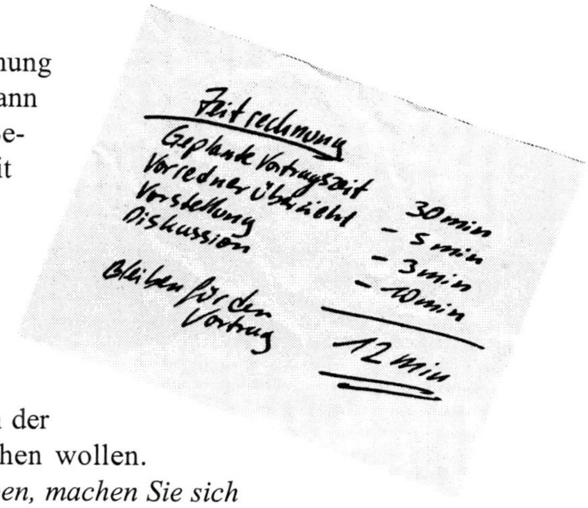

Zwischenfragen zulassen oder nicht? Für Ihre Zeitplanung ein wichtige Frage. Lassen sie Zwischenfragen zu, kann Sie das schnell in Zeitschwierigkeiten bringen. Die Beantwortung von Fragen dauert Zeit. Sie können gut mit ein bis drei Minuten pro Frage rechnen. Gehen wir von einer Vortragszeit von dreißig Minuten aus, können mit nur einer Zwischenfrage zehn Prozent Ihrer Zeit futsch sein. Bei Seminaren oder Lehrveranstaltungen mit Diskussionscharakter sind Zwischenfragen gewünscht. Bei Präsentationen sollten Sie sich das gut überlegen. Klären Sie zu Beginn der Veranstaltung, wie Sie mit Zwischenfragen umgehen wollen. *»Wenn sich im Laufe der Präsentation Fragen ergeben, machen Sie sich bitte eine kurze Notiz. Sie haben nachher die Möglichkeit, Fragen zu stellen.«* Oder aber *»Wenn irgend etwas unklar ist, fragen Sie bitte gleich, damit wir offene Punkte sofort klären können.«*

■ Anschließende Diskussion

Wenn im Anschluß an Ihren Vortrag eine Diskussion geplant ist, müssen Sie das bei Ihrer Zeitplanung bedenken. Wenn insgesamt dreißig Minuten vorgesehen sind, sollten Sie zehn Minuten für die Diskussion berücksichtigen.

Texte auf der Ersatzbank

Ersatzbanktexte. Was ist das? So bezeichne ich Präsentationsinhalte, die ins Rennen geschickt werden, wenn es mit der Zeit knifflig wird. Ist noch Redezeit übrig, können diese zusätzlichen Texte in die Rede eingebaut werden. Wenn die Zeit knapp wird, lassen Sie diese Inhalte einfach weg. Diese Ersatztexte, die auf der Bank sitzen und auf ihren eventuellen Einsatz warten, sollten folgende Eigenschaft haben:

- *Dazugenommen* sollten sie zum Thema passen und nicht aufgesetzt wirken.
- *Weggelassen* sollte nichts Wesentliches fehlen und keine Lücke entstehen.

Wenn Sie solche Elemente vorbereitet haben, werden Sie sicherer auf unvorbereitete Zeitbeeinflussungen reagieren können. Falls die Zeit doch knapp wird, lassen Sie sich nicht dazu verleiten hektisch loszugallopieren. Lassen Sie lieber Punkte aus.

8

Organisation

Was es noch zu tun gibt

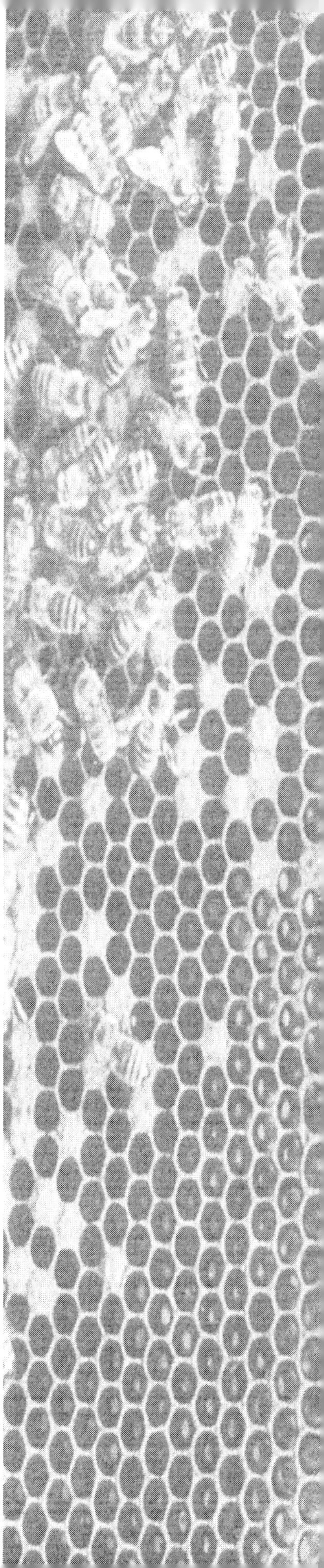

8 Organisation

Bei Ihren Präsentationen sind Sie nicht nur für das Reden verantwortlich, sondern auch für das »Drumherum«. Es ist Ihre Präsentation. Auch wenn Sie für die Organisation nicht verantwortlich sind, fällt es auf Sie zurück, wenn etwas nicht klappt. Auch ein gutes Stichwortmanuskript gehört zu Ihrer Vorbereitung.

8.1 Vorher erledigen

Wenn Sie eine Präsentation durchführen, sollten Sie nicht denken: *»Es wird schon alles so sein, wie ich das brauche.«* Meist ist nichts so, wie Sie es brauchen. Die Bestuhlung steht falsch, der Overheadprojektor befindet sich im Nebenraum und Stifte sind auch keine vorhanden. Versuchen Sie möglichst viel vorab mit dem Veranstalter zu klären und seien Sie pünktlich, um eventuell die eine oder andere Sache vorher noch organisieren zu können. Zu den Dingen, die Sie vorher organisieren sollten, gehören:

- Einladung / Plakat
- Raum
- Sitzordnung
- Pausenorganisation
- Medien
- Garderobe

Checkliste: Einladung / Plakat

✓ *Was?*
Thema, Titel
✓ *Für wen?*
Zielgruppe
✓ *Wann?*
Datum: Tag, Monat, Jahr; Uhrzeit: von-bis, Pausen
✓ *Wo?*
Ort, Straße, Haus, Etage, Raum
✓ *Wer?*
Gastgeber, Dozent
✓ *Rückfragen an?*
Telefonnummer für Rückfragen

Einladungen / Plakate

Falls Sie vor Ihrer Präsentation Einladungen verschicken oder Plakate aushängen, beachten Sie nebenstehende Checkliste.

Raum

Der Raum, in dem Sie präsentieren, ist nicht unwichtig. Sie müssen sich darin sicher und wohl fühlen. Haben Sie Einfluß auf die Raumauswahl, bedenken Sie folgende Punkte:

- Ist die Größe angemessen?
- Ist die Beleuchtung gut?
- Läßt sich der Raum verdunkeln?

- Sind genug Steckdosen vorhanden?
- Ist der Raum ausreichend ruhig gelegen?
- Ist die Akustik gut?
- Ist ein Mikrophon nötig?

Sitzordnung

Präsentieren Sie vor einem kleineren Kreis, setzen Sie Ihre Teilnehmer so, daß alle sich gegenseitig anschauen können. Wenn möglich, vermeiden Sie die klassische »Omnibus-Sitzordnung«. Besser ist, wenn Sie die Tische in der Form eines großen »U« oder »V« anordnen. Das ist bei einer größeren Teilnehmerzahl nicht immer möglich. Eine starke Wirkung und einen großen Teilnehmerbezug erhalten Sie, wenn Sie ganz auf Tische verzichten.

»Omnibus-Form«

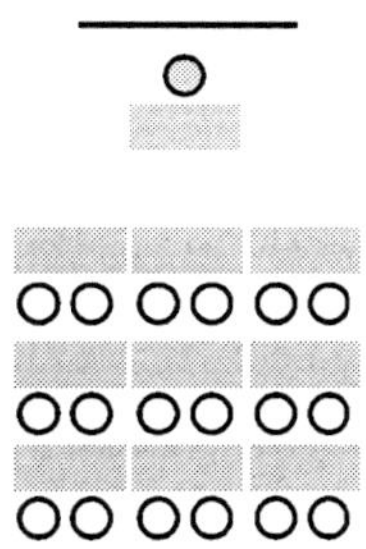

Kommentar nach einer Präsentation: *»So toll war die Präsentation nicht. Ich habe von meinem Platz aus nicht viel erkennen können.«* Was nützen Ihnen tolle Visualisierungen, wenn Ihre Teilnehmer nichts erkennen können. Achten Sie darauf, daß alle Teilnehmer gute Sicht auf Sie und die Medien haben. Achten Sie auch darauf, daß Sie mit allen Teilnehmern gut Blickkontakt halten können, ohne sich den Hals zu verdrehen.

besser »U-Form«

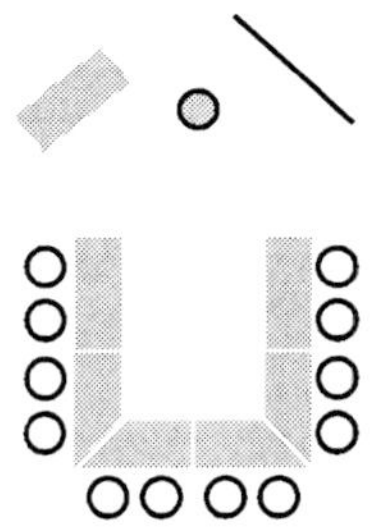

Benötigen Sie Namensschilder, die auf den Tischen stehen? Beschriften Sie diese von vorne und hinten, sonst erkennen Ihre Teilnehmer immer nur das Namensschild von gegenüber, aber nicht das von ihrem Nachbarn.

Sind bei der »Omnibus-Form« mehr Sitzplätze als Teilnehmer vorhanden, achten Sie darauf, daß nicht alle in der letzten Reihe oder wild verstreut sitzen. Es ist dem Kontakt zu Ihren Teilnehmern sehr abträglich, wenn Sie über drei leere Reihen hinweg präsentieren müssen. Besteht die Gefahr, daß die ersten Reihen leer bleiben, begrüßen Sie jeden ankommenden Teilnehmer mit den Worten: *»Guten Tag, würden Sie sich bitte hier nach vorne setzen.«* Die Teilnehmer nachträglich dazu zu bewegen aufzustehen und nach vorne zu kommen ist sehr schwer. Sie sollten trotzdem darauf bestehen. Erwarten Sie nicht, daß alle nach Ihrer Aufforderung, sich nach vorne zu setzen, gleich aufspringen. Sie benötigen etwas Geduld und Nervenstärke. *»Bitte setzen Sie sich alle etwas weiter nach vorne. Dann können Sie besser sehen und wir können nachher auch besser miteinander diskutieren.«* Wahrscheinlich müssen Sie diese Aufforderung mehrmals wiederholen.

oder »Halbkreis«

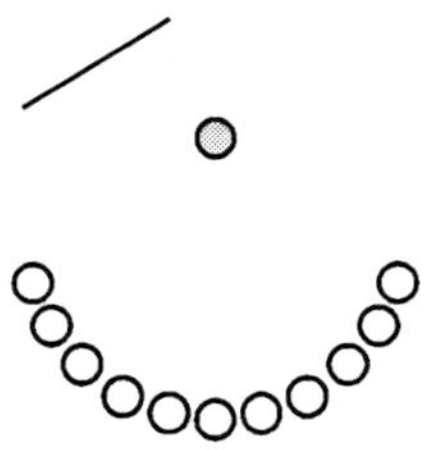

Präsentieren Sie in einem Halbkreis ohne Tische, dann nehmen Sie die leeren Stühle heraus, wenn alle anwesend sind. Falls doch noch jemand nachkommt, stellen Sie einfach einen Stuhl wieder hinzu.

In der Pause können sich alle ausruhen,

Pausenorganisation

»Leerer Bauch studiert nicht gern!« »Mit vollem Bauch kann man nicht denken!« Der Weg liegt in der Mitte. Sind Sie für die Pausengestaltung bei Ihrer Präsentation verantwortlich, bevorzugen Sie leichte Gerichte. Handelt es sich um eine längere Präsentation, legen Sie lieber mehrere kleine Pausen ein, als eine große. Denken Sie an Kaffee, Tee, Getränke, Gebäck oder Kuchen. Oft sind es Kleinigkeiten, die Ihre Teilnehmer in eine positive Stimmung versetzen.

Kaffee trinken

Medien

Verlassen Sie sich nicht darauf, daß die Medien funktionieren und daß alles Material dazu vorhanden ist. Verlassen Sie sich lieber auf sich selbst. Bringen Sie Ihre Stifte und Folien, Nadeln und Papier selbst mit. Ganz wichtig ist ein Mediencheck. Testen Sie vorher alle Medien, die Sie einsetzen wollen. Das erspart Ihnen böse Überraschungen. Unbedingt einen Mediencheck machen!

und auf´s ...

Garderobe

Das Thema Garderobe ist kurz abgehandelt. Dem Anlaß angemessen muß sie sein. Nicht »Overdressed« und nicht »Underdressed«. Bleiben Sie Ihrer Art treu, sonst wirkt es unglaubwürdig.

8.2 Manuskript

Es gibt zwei Arten von Manuskripten:

- Ausformuliertes Redemanuskript
- Stichwortzettel

Ausformuliertes Redemanuskript

Durch das Ablesen vorformulierter Sätze geht häufig etwas Persönlichkeit verloren. Das ist schade. Wenn möglich, sollten Sie deshalb mit Stichwortzetteln arbeiten und frei sprechen. Falls Sie Ihren Vortrag doch vorher aufschreiben wollen, um ihn dann abzulesen, sollten Sie verschiedene Dinge beachten.

■ Möglichst in kurzen Sätzen formulieren

Normalerweise schreibt man längere Sätze, als man spricht. Gelesen sind die Formulierungen auch meist verständlicher. Notfalls kann man beim Lesen noch einmal ein Stück zurückgehen oder langsamer lesen, wenn die Satzkonstruktion kompliziert wird. Formulieren Sie also in Ihrem Manuskript möglichst kurze Sätze.

■ Wiederholungen ja!

Vielleicht haben Sie auch in der Schule gelernt, daß man bei einem Aufsatz nicht immer dieselben Wörter benutzen soll. Beim Sprechen ist das anders. Wiederholungen sind erwünscht. Versuchen Sie nicht, in jedem Satz für ein und dasselbe Ding einen neuen Begriff zu finden. Bleiben Sie bei einer Bezeichnung.

■ Emotionen und Persönlichkeit

Der Schreibstil ist meist nüchtern und sachlich. Wenn Sie von einer Sache überzeugen wollen, dürfen Sie Ihr Engagement und Ihre Glaubwürdigkeit nicht verbergen. Ich habe einmal einen Vortrag über 'Architektur in Japan' gehört. Zu Beginn des Vortrags las der Referent wörtlich von seinem Manuskript ab. Es versprach ein langweiliger Vortrag zu werden. Mitten im Vortrag fielen Ihm aus einem Mißgeschick heraus seine Zettel zu Boden. Das Wirrwarr war nicht mehr zu ordnen. Er mußte seine Dias frei kommentieren. Nach anfänglichem Zögern taute er auf, kam in Fahrt und man merkte seine Begeisterung und sein Engagement für dieses Thema. Es wurde ein schöner und lebendiger Vortrag, der mit viel Beifall belohnt wurde. Auf so einen Zufall sollten Sie nicht warten. Passen Sie auf, daß trotz eines wörtlich vorgeschriebenen Skripts Ihre Persönlichkeit zur Geltung kommt.

■ General-Lesen

Wenn Sie den Text schriftlich ausformuliert haben, lesen Sie ihn laut vor. Dabei stellen Sie fest, wo es hängt und nicht so gut klingt.

■ Auch beim Lesen den Blickkontakt nicht verlieren

Starren Sie nicht in Ihr Redemanuskript, ohne die Teilnehmer eines Blikkes zu würdigen. Auch beim Ablesen können Sie Blickkontakt halten. Machen Sie eine Pause, während Sie lesen. Heben Sie dann den Blick und stellen Augenkontakt her. Sprechen Sie Ihren Text, während Sie den Blickkontakt halten. Dann lesen Sie den nächsten Textabschnitt.

Stichwortmanuskript

Das Stichwortmanuskript ist das, was beim Trapezkünstler das Sicherheitsnetz ist. Ich habe es oft erlebt, daß Referenten ein Manuskript mitbringen und dann keinen Blick darauf werfen. Es beruhigt einfach, eines dabei zu haben, um im Notfall darauf zurückgreifen zu können. Es gibt viele Arten, einen Stichwortzettel zu erstellen. Ich beschreibe Ihnen hier ein paar bewährte Möglichkeiten und Hinweise.

- DIN A4 oder nicht?

Sprechen Sie an einem Rednerpult, können Sie gut DIN A4 Papier verwenden. Machen Sie es dann wie die Nachrichtensprecher. Zwei Stapel. Einen noch unreferierten und einen Stapel mit erledigten Zetteln. Aber generell sollten Sie auf ein Rednerpult besser verzichten. Es verhindert den Kontakt zwischen Ihnen und Ihren Teilnehmern. Es wirkt distanziert und unpersönlich. Stehen Sie frei. So können Sie besser mit Ihren Medien umgehen. Halten Sie das Stichwortmanuskript in der Hand, sind normale DIN A4 Bögen ungeeignet. Die Blätter wirken zu groß, können rascheln und sind schwer zu handhaben. Größere Zettel haben auch die Eigenschaft, das eventuelle Zittern Ihrer Hände zu verstärken. Es kann ja sein, daß Sie etwas aufgeregt sind. Besser sind kleine rechteckige Blätter aus dünnem Karton, circa 10 mal 21 cm groß. Pinwandkarten oder Karteikarten eignen sich gut dafür. Die können sie gut in einem Block in der Hand halten. Erledigte Blätter stecken Sie hinter die anderen.

- Durchnumerieren und einseitig beschriften

Numerieren Sie Ihre Blätter durch und beschriften Sie sie nur auf einer Seite. Das erleichtert Ihnen den Überblick und bringt Sie nicht so schnell durcheinander.

- Ausreichend groß schreiben

Sparen Sie nicht an der Schriftgröße in Ihrem Stichwortmanuskript. Gestalten Sie die Stichworte überschaubar. Lieber einen Zettel mehr.

- Ausformulieren oder Stichworte

Auf einem Stichwortzettel sollten Sie mit Stichworten auskommen. Bilden Sie Haupt- und Nebenstichworte. Die Hauptstichworte geben den roten Faden. Die Nebenstichworte sind zur Sicherheit, wenn Ihnen beim Hauptstichwort nicht alles einfällt. Benötigen Sie Zitate oder genaue Zahlen, gehört das auch auf den Stichwortzettel. Zwei Dinge sollten Sie auf Ihrem Stichwortzettel aber doch ausformulieren. Das sind die ersten ein bis zwei Sätze und die letzten Sätze Ihrer Rede. Das gibt Ihnen Sicherheit am Anfang und schützt Sie vor einem ungeplant schlechten Schluß.

- Regieanweisungen

Auf Ihren Stichwortzettel können Sie Regieanweisungen und Erinnerungen schreiben. Zum Beispiel Hinweise zum Medieneinsatz: *»Overheadfolie Nr.3 auflegen!« »An Pinwand visualisieren!« »Projektor ausschalten!«* Oder auch eigene Erinnerungshilfen: *»Ruhig anfangen!« »Pausen machen!« »Blickkontakt!« »Langsam und deutlich beginnen!« »Lächeln!«*

- Zeitplan

Es ist gut, wenn Sie auf Ihrem Stichwortzettel auch einen Zeitplan haben. Empfehlenswert ist, wenn Sie die schon verstrichene Vortragszeit notiert haben. Das heißt auf Ihrem Zettel steht die Zeit, die Sie bis jetzt verplant haben. Der Beginn der Rede ist der Startschuß. Auf jedem Stichwortzettel steht die Redezeit, die bis dahin verstrichen sein müßte. Stehen dort zehn Minuten, dürften auch erst zehn Minuten seit Redebeginn verstrichen sein.

- Aufbau

Auf diesem Beispielstichwortzettel stehen die Nebenstichwörter eingerückt zu den Hauptstichwörtern. Links steht der Aktionsplan, in dem notiert ist, welche Medien wie eingesetzt werden. Unten rechts ist die bis dahin verstrichene Vortragszeit notiert. Oben rechts die Blattnumerierung.

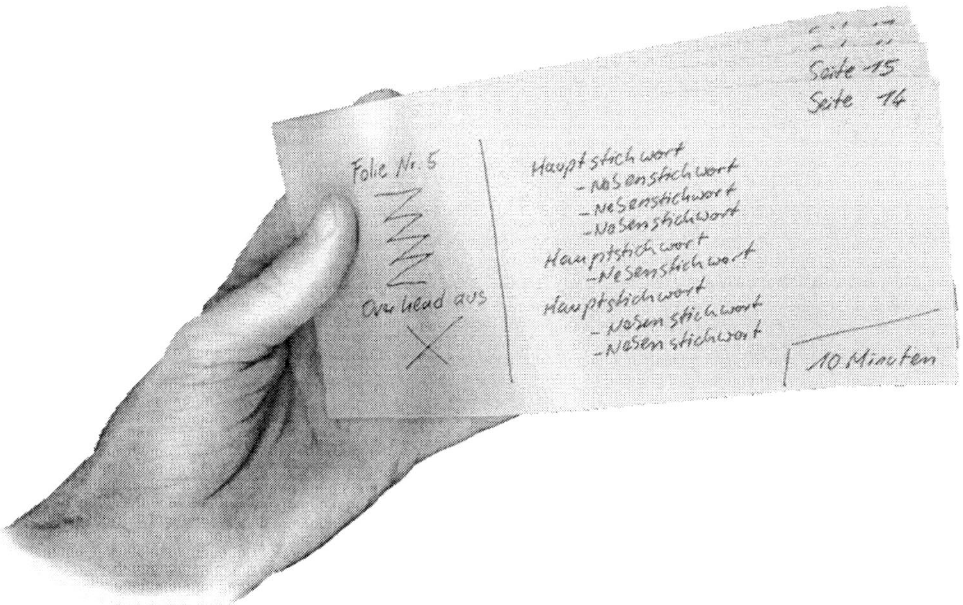

8.3 Checkliste: Vorbereitung

Benötigt ✗	Erledigt ✓	
■	■	**Generalprobe**
■	■	**Mediencheck**
■	■	**Zeitplanung**
■	■	**Einladung / Plakat**
■	■	Was?
■	■	Für wen?
■	■	Wann? Datum, Zeit
■	■	Wo?
■	■	Wer?
■	■	Rückfragen an?
■	■	______________
■	■	______________
■	■	**Raum**
■	■	Größe angemessen
■	■	Beleuchtung
■	■	Verdunkelung
■	■	Steckdosen
■	■	Akustik
■	■	Mikrophon
■	■	______________
■	■	______________
■	■	**Sitzordnung**
■	■	Tische
■	■	Keine Tische
■	■	Omnibus-Form
■	■	V-Form
■	■	U-Form
■	■	Namensschilder
■	■	______________
■	■	______________

Benötigt ✗	Erledigt ✓	
■	■	**Pausen Organisation**
■	■	Kaffee
■	■	Tee
■	■	Getränke
■	■	Gebäck, Kuchen
■	■	Mittagessen
■	■	______________
■	■	______________
■	■	**Medien**
■	■	Overhead
■	■	Flipchart
■	■	Pinwand
■	■	Tafel
■	■	Dia
■	■	Video
■	■	______________
■	■	______________
■	■	**Garderobe**
■	■	______________
■	■	**Manuskript**
■	■	______________
■	■	**Sonstiges**
■	■	______________
■	■	______________
■	■	______________
■	■	______________
■	■	______________
■	■	______________

9

Aufmerksamkeit wecken

Fesseln Sie Ihre Zuhörer!

9 Aufmerksamkeit wecken

Die Aufmerksamkeit Ihrer Teilnehmer zu wecken, sollte auf jeden Fall Ihr Ziel sein. Nachfolgend erhalten Sie Tips, wie Sie dieses Ziel erreichen können.

Teilnehmerbezogen präsentieren

Napoleon hat einmal knapp formuliert: *»Egoismus und Eigennutz bestimmen das Handeln des Menschen!«* Etwas milder formuliert könnte man auch sagen: *»Was Ihre Teilnehmer nicht betrifft, interessiert sie auch nicht!«*

Von diesem Satz können Sie ausgehen, wenn Sie ihre Präsentation planen. Sie müssen etwas finden, was die Teilnehmer betrifft, dann wecken Sie auch ihr Interesse. Gehen Sie nicht davon aus, daß das was Sie interessant finden, auch für Ihre Zuhörer interessant ist. Ihre Zuhörer interessiert nur das,

- was sie selbst betrifft
- wovon sie einen Vorteil haben
- was ihnen nutzt

Ihre Teilnehmer interessiert nur, was sie betrifft, ihnen Vorteile und Nutzen bringt! Bei der Präsentation eines neuen Medikaments interessieren keine langatmigen Erklärungen der chemischen Prozesse, sondern: *»Welche Wirkung ist zu erzielen?« »Was kann ich damit machen?« »Was nutzt es mir?«* Versuchen Sie die Schnittmenge zwischen Ihren Zielen und den Zielen Ihrer Zuhörer zu finden und bauen Sie darauf Ihre Präsentation auf. Nur so erreichen Sie *Ihre* Ziele.

Teilnehmer direkt ansprechen

Rede 1:

Dieses Buch enthält Ratschläge und Tips im Umgang mit Präsentationen und Vorträgen. Bei gründlicher Durcharbeitung lassen sich rhetorische Fähigkeiten verbessern. Man kann es als Nachschlagewerk benutzen oder am Stück durchlesen ...

Rede 2:

Sie wollen die Qualität Ihrer Präsentationen und Vorträge verbessern? Sie wissen aber nicht wie? Dieses Buch hilft Ihnen dabei. Es enthält praktische Tips, die Sie umsetzen können. Am Ende der Präsentation können Sie gleich einen Blick hineinwerfen ...

Welche Rede hat Sie mehr angesprochen? Es ist besser die Teilnehmer direkt anzusprechen, als sich in anonyme »mans« zu flüchten. *»Sie haben den Vorteil!«* und nicht *»Man hat den Vorteil.«* Nicht »man« sondern »Sie« sagen! Nicht *»Man könnte sich vorstellen ...«* sondern *»Stellen Sie sich vor ...«*

Als Gedankenstütze hilft der Satz: *»Mit ›man‹ sind immer nur die Menschen gemeint, die sich nicht im Raum aufhalten.«* Sprechen Sie Ihre anwesenden Teilnehmer mit »Sie« an.

Persönlichen Bezug herstellen

Letzten Sommer war ich in einem Vortrag über die Toskana. Der Referent erzählte, daß sein Großvater von dort stammt. Seinen Diavortrag lockerte er durch lustige und interessante Episoden auf, die er mit seinem Großvater als Kind erlebt hatte.

Bauen Sie in Ihre Präsentation Dinge ein, die Sie selbst erlebt haben. Natürlich ist es legitim ein wenig zu flunkern und zu übertreiben. Reden Sie von eigenen Erfahrungen und nicht von Erfahrungen, die irgend jemand gemacht hat. *»Ich habe die Erfahrung gemacht, daß Persönliches die Präsentation auflockert und die Aufmerksamkeit der Teilnehmer erhöht.«* und nicht *»Man hat die Erfahrung gemacht, daß ...«* Besser: *»Ich habe erlebt ...« »Aus meiner Sicht ...«* Ihre Teilnehmer sind nicht an irgendetwas Anonymen, Unpersönlichen interessiert, sondern an persönlichen interessanten Dingen. Aber natürlich interessiert niemanden, wie alt Ihre Urgroßmutter geworden ist. Setzen Sie persönliche Erlebnisse gezielt und im Zusammenhang ein. Stellen Sie immer einen Bezug zu Ihren Teilnehmern und zum Thema her.

Teilnehmer aktiv einbeziehen

In einem Seminar von mir hatte ein Teilnehmer einen Kurzvortrag über Polymerbildung vorbereitet. Um den Vorgang der Kettenbildung zu verdeutlichen mußten alle aufstehen und sich in bestimmter Weise anfassen. Wir bildeten alle zusammen eine »lebende« Polymerkette. Ich kann mich deshalb noch so gut erinnern, weil wir alle aktiv daran beteiligt waren.

Eine andere Teilnehmerin brachte zu einem Frankreichvortrag Croissants und Rotwein mit. Auch das bleibt eine unvergessene Präsentation. Machmal sind es nur Kleinigkeiten, die die Aufmerksamkeit wecken und die Präsentation in der Erinnerung halten.

Teilnehmer durch Fragen einbeziehen

Frau Vaupel beginnt Ihren Vortrag über die Berufsaussichten für Maschinenbauer mit der Frage: *»Welche Kriterien muß Ihr Traumjob erfüllen?«* Die Antworten werden auf einem Flipchart mitgeschrieben. Die Referentin ist sich der Aufmerksamkeit ihrer Zuhörer gewiß. Fragen erhöhen die Aufmerksamkeit! Beziehen Sie Ihre Teilnehmer durch Fragen mit ein. Vermeiden Sie Wissensfragen, bei denen es *falsch* oder *richtig* gibt. Fragen Sie lieber nach Vorschlägen, Ideen, Anregungen und Erfahrungen. Bauen Sie keine Fragen ein, bei denen Sie eine bestimmte Antwort erwarten und für Ihren Vortrag *»brauchen«*.

Rhetorische Fragen

Die Situation: ein Hörsaal mit 550 Studenten. Die Frage der Referentin an die Studenten: *»Wie schmeckt Ihnen das Mensaessen?«* Die Folge: Chaos. Kommunikation über Fragen und Antworten mit Ihren Teilnehmern hat Grenzen. Ab einer gewissen Teilnehmerzahl, reden Sie nur noch mit den ersten zwei Teilnehmerreihen und die Aufmerksamkeit der anderen geht in den Keller. Aber auf Fragen sollten Sie trotzdem nicht verzichten. Stellen Sie rhetorische Fragen. Das sind Fragen, auf die Sie keine direkte Antwort von Ihren Teilnehmern erwarten. Auch rhetorische Fragen erhöhen die Aufmerksamkeit. Jeder fühlt sich angesprochen und beantwortet die Frage im Kopf oder versucht es wenigstens.

Alle Typen ansprechen

Vielleicht erinnern Sie sich noch an die Schulzeit? Wann haben Sie Dinge am schnellsten verstanden? Wann war Ihre Aufmerksamkeit am höchsten? Reichte Ihnen die verbale Erklärung, brauchten Sie Bilder und Zeichnungen oder mußten Sie alles selbst einmal gemacht haben? Können Sie sich noch an den Geruch erinnern, als der Chemielehrer Schwefelwasserstoff herstellte? Haben Sie im Biologieunterricht die Blüten selbst auseinander genommen, um den Aufbau zu verstehen?

In der Lernpsychologie wird zwischen vier Lerntypen unterschieden. Vier unterschiedliche Arten, wie Ihre Teilnehmer am besten Informationen aufnehmen können:

- Der *intellektuelle* Typ lernt am besten durch *abstrakte Erklärungen.*
- Der *visuelle* Typ sieht die Dinge am besten ein durch *Beobachten und Sehen.*
- Der *auditive* Typ versteht am besten durch *Hören und Sprechen.*
- Der *haptische* Typ begreift am ehesten durch *Anfassen und Fühlen.*

Welcher Lerntyp wird durch eine Rede ohne Bilder, ohne Diskussion und ohne Modelle angesprochen? Nur einer. Machen Sie es besser. Sprechen Sie alle Lerntypen gleichermaßen an.

Den größten Teil unserer Informationen nehmen wir über Augen und Ohren wahr. Aber wir bekommen auch intensive Sinneseindrücke über die anderen Sinnesorgane:

Ohren	Augen	Nase	Zunge	Haut	Sinnesorgan
hören	sehen	riechen	schmecken	fühlen	Wahrnehmung
auditiv	visuell	olfaktorisch	gustatorisch	kinästhetisch	Typus

Natürlich werden Sie nie einen nur auditiv oder visuell ausgeprägten Teilnehmerkreis haben. Wollen Sie die Aufmerksamkeit aller »Typen« wekken, müssen Sie verschiedene Sinnesorgane ansprechen.

Stellen Sie sich einen Architekten vor, der ein großes Projekt ohne Modell verkaufen will. Oder der Verkäufer ohne Muster. Aber Referenten denken oft, die verbale Beschreibung wäre ausreichend. Versuchen Sie, wenn möglich, Ihren Teilnehmern Muster, Gegenstände oder Modelle in die Hand zu geben. Das erhöht die Aufmerksamkeit. *»Ich habe hier den neuen Laufschuh mit optimaler Dämpfung. Sie haben gleich Gelegenheit alles zu begutachten. Wenn Sie wollen, können Sie eine Proberunde laufen.«* Wenn Sie Dinge in die Runde geben, achten Sie darauf, daß der Präsentationsablauf nicht gestört wird. Wenn Gegenstände herumgereicht werden, entsteht eine »wandernde Störung«.

Beispiele einbauen

Ein inveriöres Gut ist ein Gut, dessen Nachfrage fällt, wenn das Einkommen steigt. Alles klar? Lesen Sie den Satz ruhig nochmal. Schön. Zu verstehen ist das schon, aber das schreit ja förmlich nach einem Beispiel. Was für ein Gut ist das denn? Zum Beispiel die Kartoffeln. Wenn die arbeitenden Eltern mehr Geld verdienen, werden weniger Kartoffeln gekauft. Stattdessen leistet man sich mehr Fleisch oder Fisch und geht einmal mehr beim Italiener essen. Soweit die Theorie der Volkswirtschaft. Mit einem Beispiel ist alles klar. Ohne Beispiel herrscht Unklarheit. Ein lebendiges Beispiel bringt mehr als viele theoretische Erklärungen.

Noch ein Beispiel? Vielleicht eines, das Sie an Ihre Fahrschulzeit erinnert. Theorie: *»Der Bremsweg eines Autos nimmt exponential zur Geschwindigkeit zu. Bremsweg in Meter ist gleich Geschwindigkeit in Stundenkilometer, durch zehn hoch zwei.«* Beispiel: *»Fahren Sie 20 Stundenkilometer ist der Bremsweg 4 Meter. Bei 50 Klamotten 25 Meter und bei 100 schon 100 Meter.«*

Beispiele machen Sachverhalte durchschaubar! Denken Sie bei der Planung Ihrer Präsentation daran, Beispiele einzubauen. Wenn die Zeit knapp wird, weil der Inhalt so umfangreich scheint, nicht an den Beispielen kürzen! Planen Sie Ihre Beispiele zeitlich ein. Ein Beispiel »verbraucht« manchmal viel Redezeit, die aber gut investiert ist. Erzählen Sie Ihre Beispiele so realistisch wie möglich. Geben Sie den Personen in Ihrem Beispiel Namen und den Dingen konkrete Bezeichnungen.

Humor

Nichts ist so auflockernd wie ein gemeinsames Lachen. Erzählen Sie ruhig mal eine witzige Episode oder eine humoristische Geschichte. Wichtig ist, daß Ihre »Einlage« kurz ist und zum Thema passt. Nicht irgendwelche Witze erzählen. Auch eine lustige Folie mit einem Cartoon oder ein auflockerndes Dia weckt die Aufmerksamkeit Ihrer Teilnehmer.

Außergewöhnliches einbauen

Durch Außergewöhnliches können Sie die Aufmerksamkeit wecken und in Erinnerung bleiben. In den Sechzigern Jahren brachte Chruschtschow, damals Generalsekretär der KPdSU, ein drastisches Beispiel dafür. Bei einer Rede vor den Vereinten Nationen richtete er eine Warnung an die US-Regierung: *»Wir werden Euch alle begraben!«* Er unterstrich dies, indem er mit seinem Schuh auf den Tisch schlug. Am nächsten Tag war »Wir begraben Euch« die weltweit gedruckte Schlagzeile mit Kommentaren und Zitaten aus der Rede.

So drastisch brauchen Sie es nicht zu machen, aber versuchen Sie Ungewöhnliches und Überraschendes in Ihre Rede einzubauen. Eine Geschichte, die eine plötzliche Wendung nimmt oder eine ungewöhnliche Formulierung.

Keine Angst vor Wiederholungen und Zusammenfassungen

Wiederholungen prägen sich ein und bleiben in Erinnerung. Scheuen Sie sich nicht, Wichtiges zu wiederholen. Kürzen Sie lieber Details und wiederholen Sie Wesentliches. *»Ich wiederhole noch einmal die wichtigen Punkte ...«* Fassen Sie das bisher Besprochene zusammen. *»Zusammenfassend ist bis hier zu sagen ...«* Haben Sie keine Bedenken, daß Zusammenfassungen und Wiederholungen Ihre Zuhörer langweilen. Wenn die Zusammenfassungen kurz sind und das Wesentliche enthalten, werden Ihnen die Teilnehmer dankbar dafür sein. Ein Zitat von Napoleon: *»Ich kenne nur eine rhetorische Figur: Die Wiederholung.«*

10

Überzeugen

Mit Verstand und Gefühl

10 Überzeugen

10.1 Was Sie beim Überzeugen beachten sollten

Gefühlsebene ansprechen

Andreas will sich ein neues Fahrrad kaufen. Der Verkäufer berät ihn. Zum Schluß stehen zwei Räder zur engeren Auswahl. Ein rotes und ein graues. Verkäufer: *»Schau' mal hier bei dem grauen Rad. Die Bremsen und die Gangschaltung. Eins A Qualität. Und hier ist der Sattel auch besser. Der Rahmen ist gut verschweißt. Hast du dich schon für ein Rad entschieden?«* Andreas: *»Ich nehme das rote.«* Der Verkäufer ist erstaunt.

»Na, Herr Schröder, geht's zur Präsentation zum Chef?« »Ja, ich werde ihn vom Projekt Alpha überzeugen. Alle Argumente sprechen dafür.« 30 Minuten später. *»Ah, Herr Schröder. Wie ist Ihre Präsentation gelaufen?« »Ach, lassen Sie mich in Ruhe!« »Was hat der Chef denn gesagt?« »Er sagte, das wäre ja alles sehr schön, aber ihm gefiele die Sache nicht. Er hätte dabei einfach ein ungutes Gefühl.«*

Mit dem Überzeugen scheint das nicht so einfach zu sein. Sie wollen eine Entscheidung herbeiführen und haben alle Sachargumente auf Ihrer Seite. Aber entschieden wird trotzdem anders. Entscheidungen werden oft nach Sympathie und Antipathie, nach Neigungen und Abneigungen, Vorlieben, momentanen Stimmungslagen oder Launen getroffen. Nun werden Sie kaum jemanden erleben der sagt: *»Na ja, für das Projekt X habe ich mich einfach nach Gefühl entschieden. Die Argumente sprachen zwar für Y aber meine Stimmung war nach X.«* Sondern er wird sagen: *»Viele Dinge sprachen zwar für Y, aber die gewichtigeren Argumente für X. Deshalb mußte die Entscheidung ganz klar für X getroffen werden.«* Viele Entscheidungen werden mit dem Gefühl getroffen und anschließend mit dem Verstand begründet. Sprechen Sie in Ihrer Präsentation nicht nur die Sachebene, sondern auch die Gefühlsebene an. Versuchen Sie auch gefühlsmäßig zu überzeugen. Man spricht hier auch von dem Verstand/Gefühl Eisbergmodell. 7/8 unter Wasser und 1/8 über Wasser. Übersehen Sie nicht die 7/8 Gefühl unter Wasser sonst gehen Sie mit Ihrer Überzeugungspräsentation baden.

Sie wollen Ihre Zuhörer davon überzeugen, das Auto ab und zu in der Garage zu lassen. Unmengen von Sachargumenten sprechen dafür. Das Argument, an die eigenen Kinder zu denken, kann ausschlaggebend sein. Gefühlsargumente können die wichtigsten »Überzeuger« sein. Sie müssen nicht nur den Verstand, sondern auch die Gefühle Ihrer Zuhörer überzeugen.

Vorteile für die Zuhörer herausstellen

Erinnern wir uns nochmal an Herrn Schröder, der eine Entscheidung von seinem Chef für sein Projekt haben möchte. *»Der Chef kann nicht nein sagen. Es wird kein Problem sein, ihn zu überzeugen. Es ist einfach das Beste für meine Abteilung.«* Wie wir wissen, ist es anders gelaufen. Was hat er vergessen? Die Vorteile für seinen Chef! Wenn Sie überzeugen wollen, müssen Sie nicht nur die Vorteile im allgemeinen herausstellen, sondern die Vorteile für Ihre Teilnehmer. *»Wenn wir das einführen, verbessert sich für Sie ...« »Der Vorteil, den Sie dadurch haben, ist ...«*

Es gibt einen »Zaubersatz«, der Sie »zwingt« die Vorteile und den Nutzen für Ihre Teilnehmer zu nennen. Dieser Satz lautet: *»Das bedeutet für Sie, ...«*. Wenn Sie in Ihrer Präsentation oft einen Satz mit diesen Worten beginnen, nennen Sie automatisch auch die Vorteile für Ihre Teilnehmer. *»Diese Kaffeemaschine hat eine Zeitschaltuhr«*, wäre die Sachinformation, *»Das bedeutet für Sie, daß Sie morgens eine halbe Stunde länger schlafen können und wenn Sie in die Küche kommen, wartet der frisch aufgebrühte Kaffee auf Sie«,* ist der Vorteil für Ihre Teilnehmer. Gehen Sie nicht davon aus, daß Ihre Zuhörer die Sachinformationen automatisch in Vorteile und Nutzen übersetzen. Es ist Ihre Aufgabe den Nutzen für Ihre Teilnehmer herauszustellen.

Glaubwürdigkeit

Richtige Begeisterung läßt sich schwer unterdrücken. Noch schwerer läßt sich Begeisterung spielen. Wenn Sie etwas präsentieren, von dem Sie nicht überzeugt sind, wird das wahrscheinlich schief gehen. Das beste Überzeugungsmittel ist Ihre Begeisterung, Ihre Glaubwürdigkeit für eine Sache. *»Am Anfang war ich ja skeptisch, aber Frau Krause war von der Sache so überzeugt, sie hat mich glatt angesteckt. Ich denke wir sollten ihren Vorschlag mal ausprobieren.«* Ich glaube ein Verkäufer kann nur wirklich erfolgreich sein, wenn er von den Dingen, die er verkauft, auch überzeugt ist. Meist merken Ihre Teilnehmer, wenn Sie etwas vortragen, hinter dem Sie nicht stehen. Ihre Glaubwürdigkeit ist dahin. Glücklich jene, die Präsentationsthemen ablehnen können, von denen sie nicht überzeugt sind.

Sie müssen auch von Ihrer Person überzeugen

Es gibt einen Verkäuferleitspruch der lautet: *»Erst sich selbst verkaufen, dann das Produkt.«* Nun, die Zeiten der Sklaverei sind vorbei. Aber viele Entscheidungen werden nach Sympathie für den Vortragenden gefällt. Bei einer Untersuchung über Entscheidungsfindung von Gruppen in der öffentlichen Verwaltung hat man festgestellt, daß inhaltliche Aspekte die Entscheidung nur am Rande beeinflussten. Wichtiger für die Annahme oder Ablehnung einer Idee war, wer diese präsentiert hatte. Verspielen Sie nicht die Sympathie Ihrer Teilnehmer durch überzogenes oder angeberisches Verhalten. Rücksicht nehmen und höflich sein heißt nicht, sich anzubiedern. Beachten Sie Ihre Teilnehmer und bringen Sie ihnen Aufmerksamkeit entgegen.

Beachten Sie Entscheidungsträger

Eine Freundin von mir, die begeistert mit Ihrem Computer arbeitet, war vor kurzem mit Ihrem Mann in einem Fachgeschäft, um sich einen neuen Drucker zu kaufen. Ihr Mann hat keine Ahnung von Computern und arbeitet auch nicht damit. Der Verkäufer sprach aber von Anfang an mit ihm und nicht mit ihr. Klare Fehleinschätzung. Bis ihr der Kragen platzte: *»Wenn Sie uns einen Drucker verkaufen wollen, müssen Sie mit mir reden, nicht mit meinem Mann!«* Sie war die Entscheidungsträgerin und nicht er.

Versuchen Sie herauszubekommen, wer in Ihrer Teilnehmergruppe die Entscheidungen fällt. Wenn Sie technische Neuerungen vorstellen, sind Sie der Aufmerksamkeit und wahrscheinlich auch der Zustimmung der Ingenieure gewiß. Aber wer entscheidet? Der Einkaufschef! Ihn müssen

Sie überzeugen. Wenn Sie ihn mit Ignoranz strafen, ist die Sache wahrscheinlich gestorben.

Eines sollten Sie unbedingt auch noch beachten. Den »ich bin der Meinung des Chefs« Effekt. Wenn der Chef ja sagt, ist die Sache entschieden. Oft werden Präsentationen durchgeführt bei denen die anderen Teilnehmer reine Statisten sind. Was heißt das für Ihre Präsentation? Versuchen Sie die hierarchischen Strukturen in Ihrer Teilnehmergruppe zu erkennen und zu berücksichtigen.

10.2 Argumentationstechnik

Es gibt viele Möglichkeiten Ihre Argumente vorzubringen. Ich stelle Ihnen hier die wichtigsten Möglichkeiten vor.

Einseitige Argumentation

»Folgende Punkte sprechen für die einseitige Argumentation. Klarer Aufbau und kurze Darstellung. Ihre Teilnehmer werden nicht durch zu viele Argumente verwirrt.« Das war gleich ein Beispiel für eine einseitige Argumentation. Sie stellen nur die Pro Argumente heraus und lassen die Gegenargumente unter den Tisch fallen. Diese Argumentationstechnik hat sehr wohl ihre Berechtigung. Zum Beispiel, wenn die Zeit knapp ist oder die Darstellung sehr kurz sein soll. Oft interessieren sich Ihre Teilnehmer gar nicht für die Gegenargumente oder Nachteile. Es ist oft besser, klar die Vorteile herauszustellen und um eine Entscheidung zu bitten.

Kompromiß

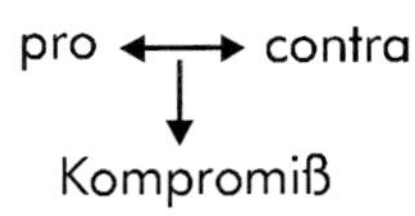

Präsentieren Sie die Pro und Contra Argumente und schlagen dann einen Kompromiß vor. *»Diese Punkte sprechen dagegen und diese dafür. Ich schlage deswegen folgende Kompromißlösung vor.«*

Ja ... aber

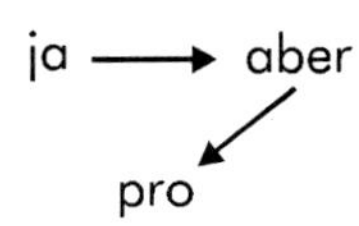

»Ja, ich weiß, daß die Maschine X einen hohen Anschaffungspreis hat, aber die Wartungskosten sind wesentlich niedriger. Dadurch hat sich die Maschine in zwei Jahren amortisiert.« Sie stellen die Gegenargumente dar, widerlegen die Argumente, die dagegen sprechen und bringen Ihre Proargumente.

Weder ... noch

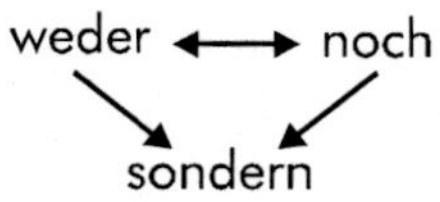

Diskussion um das Urlaubsziel: *»Wir werden weder nach Paris fahren wegen der Kultur, noch an die Côte d'Azur wegen der Sonne, sondern zu Hause bleiben und im Garten arbeiten, weil wir uns weder das eine noch das andere leisten können!«* Zu den vorhandenen Argumenten oder Vorschlägen bringen Sie einen völlig neuen Vorschlag oder überraschen mit einem neuen Argument.

10.3 Dramaturgie

Dramaturgie der Argumentationsstärke

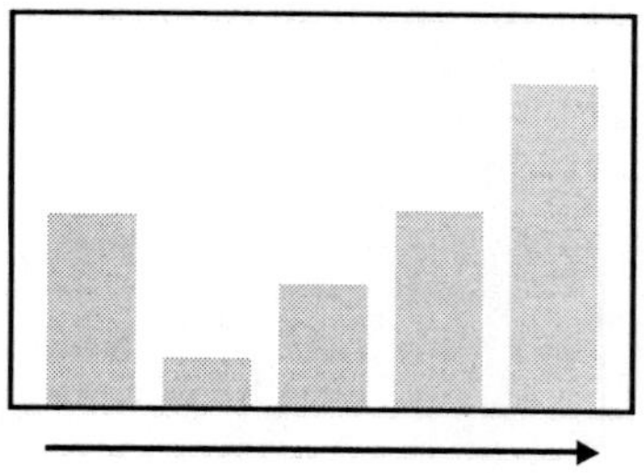

Sie sollen zu dem Thema »Gentechnik! Fluch oder Segen«, eine Überzeugungspräsentation vorbereiten. Wahrscheinlich fallen Ihnen auf Anhieb zehn oder gar zwanzig Pro und Contra Argumente ein, je nach Ihrem Standpunkt.

Hüten Sie sich davor, alle Argumente bringen zu wollen. Auch hier gilt der Satz: *Weniger ist mehr*. Drei ist eine gute Zahl und sechs die Obergrenze. Haben Sie mehr Argumente, die alle nicht sehr schwerwiegend sind, versuchen sie diese durch entsprechende Präsentation in der Menge wirken zu lassen. Zum Beispiel mit einer Liste auf der alle Punkte aufgeführt sind. Ansonsten beschränken Sie sich auf die Hauptargumente. Zur Dramaturgie hat sich folgender Aufbau bewährt. Beginnen sie mit einem mittelstarken Argument. Das garantiert Ihnen die Aufmerksamkeit am Anfang. Danach lassen Sie die schwächeren folgen und steigern sich dann. Das Gewichtigste sparen Sie sich für den Schluß auf. Denn auch hier gilt: *»Letzter Eindruck bleibt«*.

10.4 Beweise

Sie können Ihre Argumente durch rednerische Beweise unterstützen. Es sind wie gesagt rednerische, argumentative Beweise und nicht wissenschaftliche.

Und mit Beweisen ist das so eine Sache. Auch wenn ich etwas beweise, muß es noch lange nicht stimmen. Vor gar nicht allzu langer Zeit haben die Leute auch bewiesen, daß die Erde eine flache Scheibe ist. Aber rednerische Beweise können Ihren Argumenten zusätzliches Gewicht geben.

Die belegbare Tatsache

Statistik oder offizielle Zahlen sind mit die beliebtesten Beweismittel. Aber schütten Sie Ihre Teilnehmer nicht mit Zahlen und Statistiken zu. Im Zweifelsfall müssen Sie Quellen und Nachweise bringen können. Nicht umsonst hat Churchill einmal gesagt: *»Ich glaube nur der Statistik, die ich selbst gefälscht habe!«*

Autoritätsbeweis

»Nach Professor X ist das so und so.« Sie führen eine anerkannte Autorität oder Literaturstelle als Beweis an. *»Im Handbuch der Goldschmiede steht eindeutig, daß ...«*

Schlußfolgerung

Wenn Hans größer als Karl ist und Karl größer als Bernd, dann ist Hans auch größer als Bernd. Mathematisch: H>K>B => H>B. Verbal in eine Rede eingebaut könnte das heißen:

»Die Geschäftsleitung muß sich mit der Betriebsrealität auseinandersetzen.« »Die Gewerkschaft gehört zur Betriebsrealität.« »Deshalb muß sich die Geschäftsleitung mit der Gewerkschaft auseinandersetzen.«

Ist doch logisch, oder?

11

Für Auge und Ohr

Die Sinne sind dabei

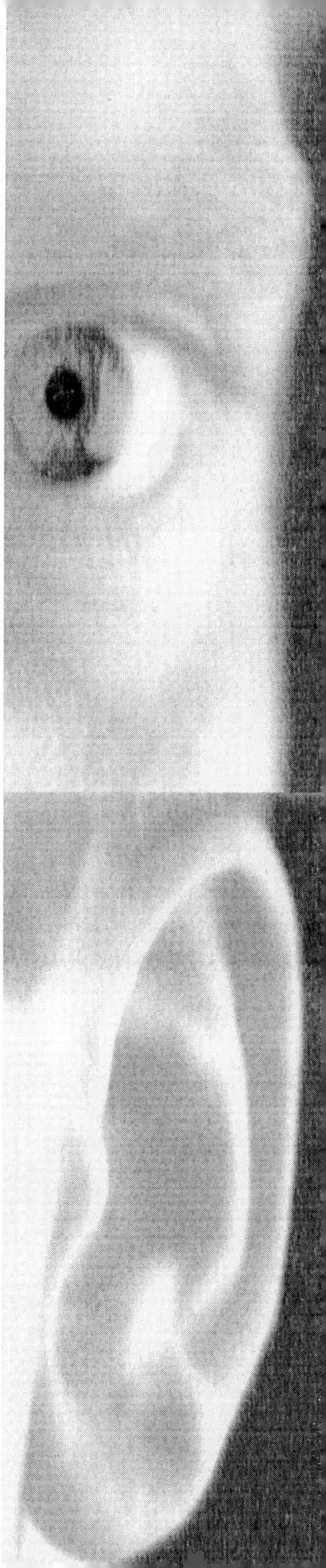

11 Für Auge und Ohr

11.1 Visualisierung, muß das sein?

Warum Visualisierung? Warum der Streß mit Folien, Flipchart oder Pinwand? Es heißt doch Vortrag und nicht Vorschau oder Vorführung? *»Na, wie war der Vortrag von Steger über Visualisierung?« »Ganz interessant. Aber es war sehr viel Information. Ich konnte gar nicht alles aufnehmen.«* Diesen Effekt des »*Nicht-alles-aufnehmen-können*s« sollten Sie bei Ihrer Präsentationsvorbereitung bedenken.

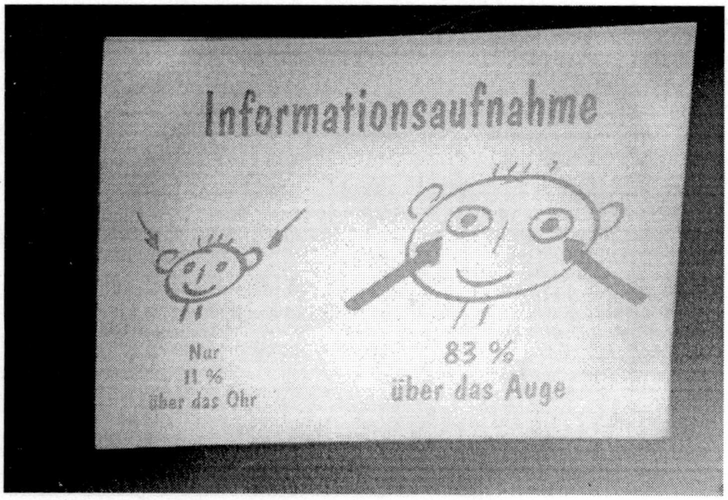

Angenommen, Sie senden 100 *Informationseinheiten* aus. Davon kommt aber bei Ihren Teilnehmern nicht alles an. Etwas rauscht immer vorbei. Durch Sehen nehmen wir mehr Informationen auf als durch Hören. Der Mensch hat ein sehr hoch entwickeltes Sehorgan. Im Durchschnitt liegt die Informationsaufnahme über das Ohr bei 11% und über das Auge bei 83%. Der Rest der Information geht verloren. Sie wird erst gar nicht aufgenommen. Das sprichwörtliche »zum einen Ohr rein, zum anderen raus«.

Der Witz bei einer Präsentation ist, daß Sie nicht nur etwas zeigen und auch nicht nur sprechen, sondern zeigen und sprechen. Sie kombinieren visuelle und akustische Eindrücke in Ihrer Präsentation. Gesagtes, durch Bilder unterstützt, hebt die Aufmerksamkeit Ihrer Teilnehmer. Mehr Informationen bleiben in Erinnerung. Akustische und visuelle Eindrücke sollten in die gleiche Informationsrichtung zielen. Bilder und Erläuterungen müssen sich im Gleichklang befinden. Die Kombination von Bildern und Sprache bringt den Erfolg. Kombinieren Sie visuelle und akustische Eindrücke.

11.2 Vorteile visueller Darstellung

- Bessere Informationsaufnahme und Erinnerung

Sachverhalte, die unterstützt durch Bilder oder andere visuelle Eindrücke vorgetragen werden, können besser aufgenommen und behalten werden. Unterstützen Sie Ihre verbalen Erklärungen durch Zeichnungen, Bilder oder visualisierte Stichworte.

- Schwierige Sachen sind besser erklärbar

Versuchen Sie nicht, in Ihrer Präsentation Abläufe, Zahlen oder Organigramme ohne Visualisierung zu erklären. Machen Sie Sachen nicht komplizierter als sie sind. Manche Dinge lassen sich durch eine Darstellung einfach und übersichtlich erklären. Damit Ihre Teilnehmer zum Schluß sagen *»Das sehe ich ein.«* oder *»Jetzt habe ich endlich den Durchblick.«*

- Konzentration auf einen Punkt

Durch die Darstellung von zentralen Themen können Sie die Aufmerksamkeit auf wichtige Punkte lenken. Eine optisch gut dargestellte Information zieht das Interesse auf sich. Diesen Effekt können Sie nutzen, um die Konzentration auf einen bestimmten Sachverhalt zu richten.

- Selektion

Sie können und sollten nicht alles darstellen. Bei der Visualisierung von Sachverhalten müssen Sie das Thema auf die wichtigen Punkte reduzieren. Das hilft Ihren Teilnehmern zu erkennen, auf was es ankommt. Visualisierung zwingt Sie zur Selektion zwischen wesentlichen und unwesentlichen Informationen.

11.3 Für's Ohr

Zuhörer wollen meist zuhören. Oft läßt man sie nicht, weil wenig zu verstehen ist. Nicht nur wegen des Inhalts, sondern aus rein akustischen Gründen. Damit das Gesagte bei Ihren Zuhörern auch ankommt, sollten Sie:

- Laut und deutlich sprechen
- Dynamisch sprechen
- Sprechpausen einlegen
- Zuhörerfreundlich formulieren

11.4 Laut und deutlich sprechen

». .... ute .... ag ..... ein ...... ame .... und ...... erren ..... ch .... begrü ..... Sie .... u ...... un .... rer .... euen ..... Vortragsserie ... über .... as ... eutliche ... rechen.« Alles verstanden? Na ja, Sie saßen ja auch in der letzten Reihe.

Vergessen Sie *nicht* die Teilnehmer in der letzten Reihe. Wenn Sie leise sprechen, strengt das Zuhören an. Ihre Zuhörer sind nach kurzer Zeit ermüdet und hören nicht mehr zu. Ein schlechter Anfang für eine Präsentation: *»Da Sie von diesem Vortrag ohnehin nur die Hälfte kapieren, werde ich bei fünfzig Prozent meiner Ausführungen undeutlich sprechen.«*

11.5 Dynamisch sprechen

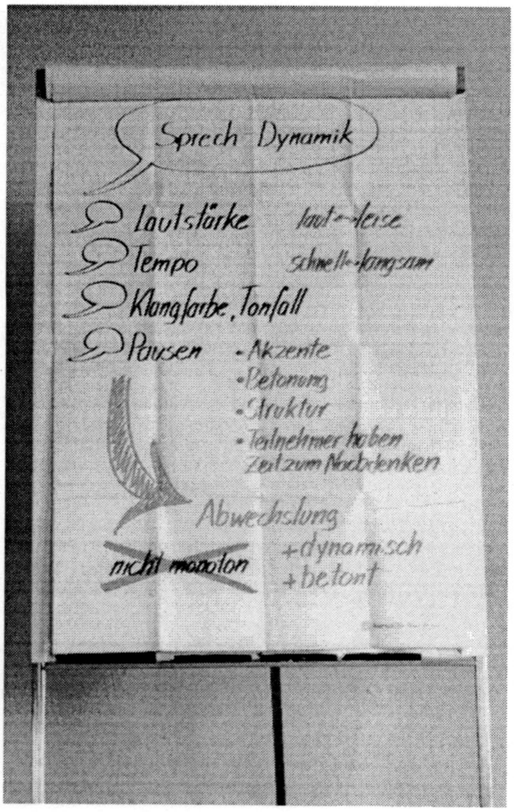

Monotones Sprechen schläfert ein. Nutzen Sie die Sprechdynamik. Laut-leise, schnell-langsam und hoch-tief. Wie läßt sich das bewerkstelligen? Wenn Sie emotional an Ihrer Präsentation beteiligt sind, ist es meist kein Problem für Sie, auch dynamisch zu sprechen. Sie betonen Wichtiges und stellen Schwerpunkte akustisch heraus. Dabei müssen Sie nicht unbedingt laut werden, wenn Sie etwas Wichtiges betonen. Auch das Zurücknehmen der Stimme weckt die Aufmerksamkeit. Haben Sie Schwierigkeiten mit der Sprechdynamik, können Sie sich Stichworte in Ihr Redemanuskript schreiben: *»Hier lauter werden!« »Langsam betonen.« »Laut und deutlich beginnen.«* Vermeiden Sie übertrieben theatralische Wechsel. Dies wirkt meist gekünstelt und kommt bei Ihren Zuhörern schlecht an. Jeder hat eine persönliche Stimme. Der eine ist temperamentvoll, der andere eher bedächtig. Der eine spricht leise, der andere mit heller Stimme. Unterdrücken Sie nicht Ihr Naturell. Lassen Sie auch Ihre Persönlichkeit wirken. Das heißt nicht, daß Sie nicht an sich arbeiten sollten. Aber geben Sie den Versuch auf, sich völlig umzudrehen. Aus einem enthusiastischen Schnellredner wird schwer ein ruhiger, bedächtiger Redner. Aber Verbesserungen lassen sich immer erzielen.

11.6 Sprechpausen einlegen

Machen Sie mal einen Test. Stellen Sie sich vor, Sie stehen vor einem Publikum, das Sie vom »*Sprechpausen machen*« überzeugen wollen. Lesen Sie den folgenden Text einmal laut vor. Erste Variante: ohne Pausen, in einem Stück, ohne Punkt und Komma.

> *Warum sollten Sie Pausen machen? Pausen erhöhen die Wirkung des Gesagten. Durch Pausen wekken Sie die Aufmerksamkeit Ihrer Teilnehmer. Die Zuhörer können Ihren Ausführungen besser folgen. Und nicht zuletzt geben Pausen Ihnen die Gelegenheit zu überlegen, was Sie als nächstes sagen wollen.*

Und jetzt noch einmal mit Pausen. Immer wo ».....« steht, machen Sie eine Sprechpause.

> *Warum sollten Sie Pausen machen? .... Pausen erhöhen die Wirkung des Gesagten. ..... Durch Pausen ..... wecken Sie die Aufmerksamkeit Ihrer Teilnehmer. ..... Die Zuhörer können Ihren Ausführungen besser folgen. ..... Und ... nicht zuletzt ... geben Pausen Ihnen die Gelegenheit zu überlegen ... was ... Sie als nächstes sagen wollen.*

Merken Sie die unterschiedliche Wirkung? Ihnen kommen die Pausen vielleicht unangenehm vor, aber Ihre Zuhörer werden es Ihnen danken.

Pausen erhöhen die Wirkung des Gesagten

Durch Pausen können Sie Akzente und Betonungen setzen. Sie können die Aufmerksamkeit auf bestimmte Punkte lenken und dem, was Sie sagen, Struktur geben. Wenn Sie etwas schreiben, machen Sie einen Absatz, wenn Sie einen neuen Gedankengang beginnen. Beim Sprechen sind die Pausen die Absätze.

Gönnen Sie Ihren Teilnehmern Verschnaufpausen

»Wenn ich etwas höre, will ich auch kurz darüber nachdenken können, bevor der nächste Satz über mich herfällt.« Überhäufen Sie Ihre Teilnehmer nicht mit Sätzen. Hetzen Sie nicht von einem Punkt zum anderen. Das Gehirn braucht Verschnaufpausen, um Informationen aufzunehmen. Bauen Sie Ruheinseln in Ihre Rede ein.

Zeit zum Nachdenken für Sie selbst

Pausen geben Ihnen Gelegenheit, Ihre Gedanken zu sammeln und zu überlegen, was Sie als nächstes sagen wollen. Auch haben Sie Zeit, auf Ihr Manuskript zu schauen. In den Sprechpausen können Sie den nächsten Punkt lesen, wieder Blickkontakt herstellen und dann weitersprechen.

Die Eigenschaft der Pause

Pausen haben die Eigenschaft Ihnen viel länger vorzukommen als Ihren Teilnehmern. Während Sie meinen, die Pause dauerte schon eine Ewigkeit, sind Ihre Zuhörer dankbar für die Gelegenheit zum Nachdenken. Sie selbst empfinden Pausen immer länger als Ihre Teilnehmer. Machen Sie ruhig mal einen Test mit einem Freund. Tragen Sie ihm einen Text, mit aus Ihrer Sicht ewigen Pausen, vor. Fragen Sie ihn anschließend nach seinen Eindrücken. Wahrscheinlich hat er die Pausen *nicht* als zu lang empfunden. Ein Freund von mir war erst kürzlich bei einem Fachvortrag. Nach seiner Meinung gefragt, sagte er nur: *»Meine Güte war der lahm. Dem hätte man beim Sprechen die Schuhe besohlen können.«* Pausen machen heißt nicht lahm sprechen. Pausen machen heißt Akzente setzen und Zeit geben, das Gesagte wirken zu lassen.

11.7 Zuhörerfreundlich formulieren

Warum einfach, wenn's auch kompliziert geht?

»Wenn ich mich einfach ausdrücke, werde ich nicht ernstgenommen.« Das ist ein Irrtum. Wollen Sie, daß Ihnen Ihre Teilnehmer auch zuhören, müssen Sie sich klar und einfach ausdrücken. Einfache Worte finden heißt nicht banal daherreden, sondern zuhörerfreundlich formulieren.

Verständliche Worte finden

»Die Quantität der agrokulturellen Produkte ist reziprok proportional zur Intelligenz ihrer Produzenten.« oder *»Die dümmsten Bauern ernten die dicksten Kartoffeln.«*

Es soll Leute geben, die lieben Fremdwörter. Andererseits gibt es Leute, die hassen Fremdwörter. *»Daraus läßt sich die Konsequenz ziehen, daß Sprache in erster Linie metaphorisch ist und nicht durch eine isolierte formale Semantik beschrieben werden kann.«*

Na, alles klar? Wollen Sie verständlich reden, verringern Sie die Zahl der Fremdwörter. Nicht jedes Fremdwort ist zuviel. Schließlich wollen wir nicht auf die »*Emanzipation*« oder die »*realistische Blickweise*« verzichten. Oder wollen Sie lieber von »*Befreiung aus einem Zustand der Abhängigkeit*« und »*lebensechter Blickweise*« sprechen? Benutzen Sie auch einfache und bildhafte Wörter. »*Regen*« ist besser als »*Niederschläge*«, »*Auto*« besser als »*Kraftfahrzeug*« und »*essen*« besser als »*Nahrungsaufnahme*«.

Schnellformulierungssystem

Für Leute, die nicht auf ihre komplizierte Ausdrucksweise verzichten wollen, ist das *nicht ganz ernst zu nehmende* automatische Schnellformuliersystem entwickelt worden. Es stützt sich auf eine Liste von dreißig sorgfältig ausgesuchten Schlüsselwörtern.

Spalte 1	*Spalte 2*	*Spalte 3*
0. konzertierte	0. Führungs-	0. -struktur
1. integrierte	1. Organisations-	1. -flexibilität
2. permanente	2. Identifikations-	2. -ebene
3. systematisierte	3. Drittgenerations-	3. -tendenz
4. progressive	4. Koalitions-	4. -programmierung
5. funktionelle	5. Fluktuations-	5. -konzeption
6. orientierte	6. Übergangs-	6. -phase
7. synchrone	7. Wachstums-	7. -potenz
8. qualifizierte	8. Aktions-	8. -problematik
9. ambivalente	9. Interpretations-	9. -kontingenz

Die Handhabung ist einfach: Denken Sie sich eine beliebige dreistellige Zahl und suchen Sie die entsprechenden Wörter in jeder Spalte. Die Nummer 257 zum Beispiel ergibt »*permanente Fluktuationspotenz*«. Ein Ausdruck, der jedem Bericht die entscheidende, von Fachwissen geprägte *progressive Aktionsstruktur* (480) verleiht. Keiner wird im entferntesten wissen wovon Sie reden, aber wenige werden wagen es zuzugeben.

Kurze Hauptsätze verwenden

Aus der Straßenverkehrsordnung §57: »*Die Anzeige der Geschwindigkeitsmesser darf vom Sollwert abweichen in den letzten beiden Dritteln des Anzeigebereiches, jedoch mindestens von der 50 km/st-Anzeige ab, wenn die letzten beiden Drittel des Anzeigebereiches oberhalb der 50-Km/st-Grenze liegen -0 bis +7 von Hundert des Skalenendwertes; bei Geschwindigkeiten von 20 Km/st und darüber darf die Anzeige den Sollwert nicht unterschreiten.*«

Alles ein Satz. Wenn Sie ihn nicht verstanden haben, suchen Sie die Schuld nicht bei sich. Der Satz ist zu lang und zu wirr. Kurze Hauptsätze sind klar und gut verständlich. Das heißt nicht, daß Sie nur noch in Hauptsätzen sprechen sollten. Auch ein Hauptsatz und ein Nebensatz bringen Lebendigkeit in den Vortrag. Was Sie unbedingt vermeiden sollten sind ewige Schachtelsätze.

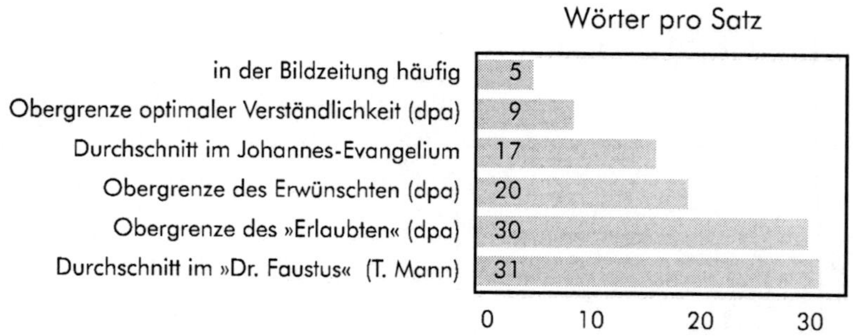

Mark Twain hat einmal sinngemäß formuliert: *»Der Deutsche stürzt, nachdem er das Subjekt ausgespuckt hat, in einen Wust von Nebensätzen, um dann drei Seiten später, triumphierend mit dem Verb in den Zähnen wieder aufzutauchen.«*

11.8 Die »Anti-Liste«

Keine ähhh oder ämmm

»Ja ähhh das wichtigste ähhhh beim Präsentieren hmmm ist ähhh das flüssige ähhh ämmm sprechen.« Versuchen Sie Pausenfüller wie ähh, ämm, häää oder ähnliches zu vermeiden. Machen Sie lieber eine richtige Sprechpause. Wahrscheinlich werden Sie die Pausenfülle nie ganz aus Ihrer Rede verbannen können, ähh, sie dürfen aber nicht überhandnehmen.

Keine »Weichmacher«

»Eigentlich möchte ich hier vielleicht eventuell mit einer kleinen Rede beginnen. Falls es Ihnen nichts ausmacht.« Sprechen Sie klar und direkt. Vermeiden Sie die sogenannten Weichmacher in Ihrer Präsentation. Sagen

Sie nicht *»ich möchte jetzt auf den nächsten Punkt eingehen«*, sondern gehen Sie einfach auf den nächsten Punkt ein *»bei dem folgenden Punkt handelt es sich um ...«*

Machen Sie sich nicht schlecht

»Eigentlich bin ich ein ganz schlechter Redner.« »Es tut mir furchbar leid, aber die nächste Folie ist sehr unübersichtlich, weil ich nicht so gut zeichnen kann.« Spätestens jetzt denken alle *»der ist wirklich ein schlechter Redner«* und *»die Folie ist wirklich eine Katastrophe«*. Ohne das eigene Schlechtmachen hätten sich vielleicht alle an der schönen Rede und Folie erfreut. So wird die Wahrnehmung auf das Negative gelenkt.

Keine negativ belegten Worte verwenden

»Denken Sie bitte nicht an einen grünen Frosch«, und schon entsteht das Bild vom Frosch im Kopf. Genau derselbe Effekt tritt auf, wenn Sie negativ belegte Worte negieren. Sagen Sie *»die Sache ist gut«* und nicht *»die Sache ist nicht schlecht«*. Besser *»das ist günstig«* als *»das ist nicht teuer«*.

12

Körpersprache

Auch der Körper hat viel zu sagen

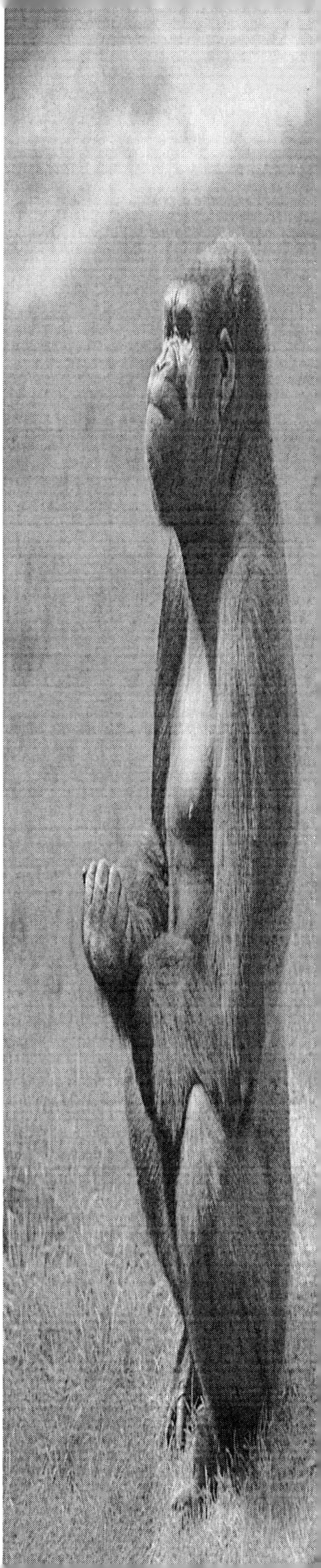

12 Körpersprache

Haben Sie sich schon einmal überlegt, warum die Menschen auf der Straße nicht zusammenstoßen, wenn sie aufeinander zukommen? Woher wissen sie, ob sie links oder rechts aneinander vorbeigehen? Man verständigt sich. Aber nicht verbal, denn keiner sagt: *»Guten Tag, ich gehe links an Ihnen vorbei.«* Der Mensch hat noch ein anderes Repertoire an Kommunikationsmöglichkeiten als das Sprechen: Die Körpersprache oder nonverbale Kommunikation. Die Absprache, wer wie aneinander vorbeigeht, läuft unbewußt über die Augen mit einem kurzen Blickkontakt ab. Vielleicht ist Ihnen auch schon einmal ein Blickmißverständnis passiert. Sie stehen jemandem gegenüber und weichen zwei oder dreimal nach derselben Seite aus, bis man sich durch eine zusätzliche Handbewegung doch noch aneinander vorbeilotst.

Auch bei der nonverbalen Kommunikation kann es zu Mißverständnissen kommen. Das Alphabet unseres Körpers ist nicht immer eindeutig und kann mißverstanden werden. Die Signale lassen sich nicht eindeutig entschlüsseln. Trotzdem gibt es Tendenzen in der Körpersprache, die unmißverständlich sind. Signale der Offenheit, der Verschlossenheit oder Abwehr. Haltungen und Gesten, die sicher wirken und solche die unsicher wirken. Viele Signale laufen unbewußt ab. Es ist sehr schwierig, Körpersprache zu trainieren. Noch schwerer ist es, unbewußte Botschaften zu unterdrücken. Sie sollten bestimmte Haltungen und Gesten nicht roboterartig einstudieren. Das wirkt aufgesetzt und künstlich. Jeder hat ein eigenes Temperament, das auch das Repertoire der Körpersprache bestimmt. Finden Sie Ihren eigenen Weg zum sicher wirkenden Auftreten. Ich kann Ihnen hier nur grundlegende Tips geben, die Sie als Fundament Ihrer Ausdrucksweise verwenden können.

12.1 Haltung

Versuchen Sie während Ihrer Präsentation zu stehen. Das ist schwieriger, als hinter einem schützenden Tisch zu sitzen. Ein Tisch oder Pult wirkt wie eine sichere Barriere zwischen Ihnen und den Teilnehmern. Ihre Teilnehmer empfinden das aber auch als Barriere. Wollen Sie Kontakt zu Ihren Teilnehmern aufbauen und einen ansprechenden persönlichen Vortrag halten, sollten Sie auf den Tisch und das Pult verzichten und im Stehen sprechen.

Wohin mit den Händen?

Diese Frage höre ich oft in meinen Seminaren. Dabei geht es um die ersten Augenblicke der Präsentation. Ist die Sache erst einmal am Laufen, ergibt sich die Gestik meist von selbst. Aber am Anfang? Die erste Stellung der Hände. Wohin damit? In die Hosentaschen? Wenn überhaupt, dann nur eine Hand. Diese Haltung wird immer gesellschaftsfähiger. Achten Sie aber darauf, daß es nicht zu lässig wirkt und dem Rahmen angepaßt ist.

Die Grundstellung

Auf jeden Fall angemessen ist die sogenannte Grundhaltung oder Grundstellung. Stellen Sie sich frontal und gerade, aber nicht steif vor Ihre Teilnehmer. Dabei blicken Sie ruhig ins Publikum. Die Beine schulterbreit auseinander, die Arme locker auf beiden Seiten hängen lassen.

Eine schlechte Ausgangssituation sind verschränkte Arme. Diese sogenannten Kreuzsignale werden häufig als Barriere und als Abwehrsignal empfunden, auch wenn sie gar nicht so gemeint sind. Sie sollten auch nicht nur auf einem Fuß stehen und nicht die Beine überkreuzen.

12.2 Bewegung

Von Tigern und Bäumen

Ist die Präsentation erst einmal am Laufen gibt es zwei Exemplare von Referenten. Die Tiger und die Bäume. Die einen tigern rastlos hin und her und finden keinen Punkt der Ruhe. Die anderen stehen wie angewurzelt da und man hat den Eindruck, sie nur durch Fällen von ihrem Platz wegbewegen zu können.

Wenn Sie ein Tiger sind, versuchen Sie sich vorzustellen , daß Ihre Füße wurzeln schlagen. Bewegen Sie sich kontrolliert von einem Punkt zum anderen und schlagen Sie dort wieder Wurzeln.

Tendieren Sie eher zum Baum, planen Sie Abläufe in Ihre Präsentation ein, bei denen Sie den Standort wechseln *müssen.* Dafür eignet sich gut ein Medienwechsel. Sie müssen dann vom Overheadprojektor zur Pinwand wechseln. Ein anderer Tip ist, Sie schreiben Ihre Standortwechsel mit in das Redemanuskript. *»Zur linken Seite gehen.« »Ein paar Schritte auf die Teilnehmer zugehen.«* Der Standortwechsel lockert Ihre Präsentation auf.

12.3 Gestik

Unsere Hände sind nicht gern allein. Jedenfalls nicht während einer Präsentation. Da klammern sie sich gerne an irgendetwas fest. Zur Auswahl stehen Rednerpult, Tisch, Stuhl, Zeigestock, Stifte, Zettel oder jeweils die andere Hand. Dafür gibt es einen Ausdruck, die Selbstfesselung. Die Gestik ist gleich Null. Das ist schade, denn mit einer unterstützenden Gestik beleben Sie Ihre Präsentation. Verhindern Sie solche Selbstfesselungen. Nehmen Sie erst gar keinen Stift oder Zeigestab in die Hand. Sie brauchen auch keinen Zeigestab, schließlich sind Sie kein Dompteur, der die Löwen auf Distanz halten muß.

Verzichten Sie auf Rednerpult oder Tisch. Stehen Sie frei und entwickeln Sie Ihre eigene Gestik. Bedenken Sie dabei, daß die Gesten erst ab Hüfthöhe postiv zur Geltung kommen. Das heißt, Ihre Unterarme sollten mindestens 90° angewinkelt sein.

Wenn die Handflächen nach unten oder nach vorne zeigen ist dies eher eine negative oder abwehrende Geste. Sollten Ihre Gesten postiv wirken, kehren Sie die Handflächen nach oben.

Lebendige, ausdrucksstarke Gestik bedeutet nicht hektisches Herumrudern mit den Armen, sondern Unterstützung von Wort und Visualisierung. Zeigen Sie, wie *groß* oder *hoch* etwas ist und *unterstreichen* Sie Ihre Worte. *»So einen Hecht habe ich gefangen!«* Können Sie sich diesen Satz von einem Angler ohne entsprechende Geste vorstellen?

12.4 Zeigen

Mit den Händen und Armen haben Sie eine gute Möglichkeit, die Aufmerksamkeit Ihrer Teilnehmer auf wichtige Punkte zu lenken. Arbeiten Sie mit Flipchart oder Pinwand, zeigen Sie mit der Hand auf den aktuellen Punkt. Nicht mit dem Finger, sondern mit der ganzen Hand. Der Finger kann leicht zum erhobenen Zeigefinger werden. Lesen Sie den entsprechenden Punkt laut vor und weisen Sie dabei mit der Hand darauf. Nicht nur kurz, sondern mindestens solange, wie Sie für die Nennung des Punktes brauchen. So können Ihre Teilnehmer dem Vortrag besser folgen. Wenn Sie mit der Hand auf Ihre Darstellung zeigen, achten Sie darauf, daß Sie den Blickkontakt zu Ihren Teilnehmern nicht verlieren.

12.5 Mimik

Dazu eine kleine Geschichte vom schlauen Klaus. Klaus war ein Pferd, das rechnen konnte. Legte man ihm eine Rechenaufgabe vor, teilte er das Ergebnis durch die entsprechende Anzahl von Hufscharren mit. Rechnete Klaus richtig, bekam er eine Belohnung. Die Gelehrten brauchten lange, um hinter das Geheimnis von Klaus zu kommen. Klaus konnte nur richtig rechnen, wenn jemand anwesend war, der das Ergebnis wußte. Unbewußt gab derjenige Klaus ein Zeichen, wenn er genug gescharrt hatte. Das konnte ein Wimpernschlag oder ein Zucken eines Gesichtsmuskels sein. Unbewußt erkannte Klaus diese Zeichen, hörte auf zu scharren und kassierte seine Belohnung. Klaus konnte natürlich nicht rechnen. Er erkannte nur die unbewußten Signale des Aufgabenstellers.

Die Mimik ist sehr schwer zu kontrollieren und zu beeinflussen. Auch wenn wir nicht wollen, senden wir unbewußt Signale aus. Das beste Rezept für eine überzeugende Mimik ist, von der Sache tatsächlich überzeugt zu sein. Dann stehen Ihre unbewußten Signale nicht im Widerspruch zu dem, was Sie sagen.

Lächeln

Es gibt ein nonverbales Zeichen, welches fast auf der ganzen Welt verstanden wird. Das Lächeln. Lächeln Sie ruhig einmal Ihre Teilnehmer an. Es kostet nichts und bringt Ihnen Sympathie ein. Wenn Sie Ihre Teilnehmer zur Präsentation begrüßen, schenken Sie Ihnen vorher ein freundliches, offenes Lächeln. Aber auch Ihr Lächeln sollte ehrlich sein, sonst spricht man von Grinsen. Tip zum Lächeln: Zeichnen Sie sich auf Ihre Stichwortzettel von Zeit zu Zeit einen »Smily«. Wenn Sie ihn erblicken, werden Sie automatisch lächeln und dieses Lächeln können Sie Ihren Teilnehmern schenken.

12.6 Blickkontakt

Kennen Sie auch die Referenten, die Ihre Schuhe oder die Decke interessanter finden, als ihre Teilnehmer? Sie sollten versuchen, Blickkontakt zu Ihren Teilnehmern zu halten. Über das Auge läuft ein Großteil nonverbaler Kommunikation. Blicke bringen Sie mit Ihren Teilnehmern in Kontakt, und Sie können Reaktionen besser beobachten.

Ein paar Tips zum Blickkontakt:

- Nehmen Sie Blickkontakt auf *bevor* Sie anfangen zu sprechen. Erst ein Blick in die Runde, dann anfangen zu sprechen.
- Schreiben Sie ins Redemanuskript das Stichwort: »*Blickkontakt aufnehmen!*«
- Haben Sie Schwierigkeiten mit dem Blickkontakt, suchen Sie sich bekannte oder freundliche Gesichter für den Augenkontakt aus.
- Wandern Sie bei einer großen Teilnehmerzahl mit dem Blick punktweise durchs Publikum.
- Blicken Sie nicht über, vor oder durch Ihre Teilnehmer.
- Lassen Sie den Blick nicht schweifen, sondern blicken Sie Ihre Teilnehmer direkt an. Aber starren Sie sie auch nicht an.
- Führen Sie einen Gedankengang zu Ende, bevor Sie den Blick wechseln, auch wenn Ihnen das lange vorkommt. Dies dauert cirka drei bis vier Sekunden.

»Ich beginne das Referat mit dem Thema ›Die Wichtigkeit des Blickkontaktes‹ ...«

13

Gestaltung

Hier nimmt Ihre Visualisierung Gestalt an

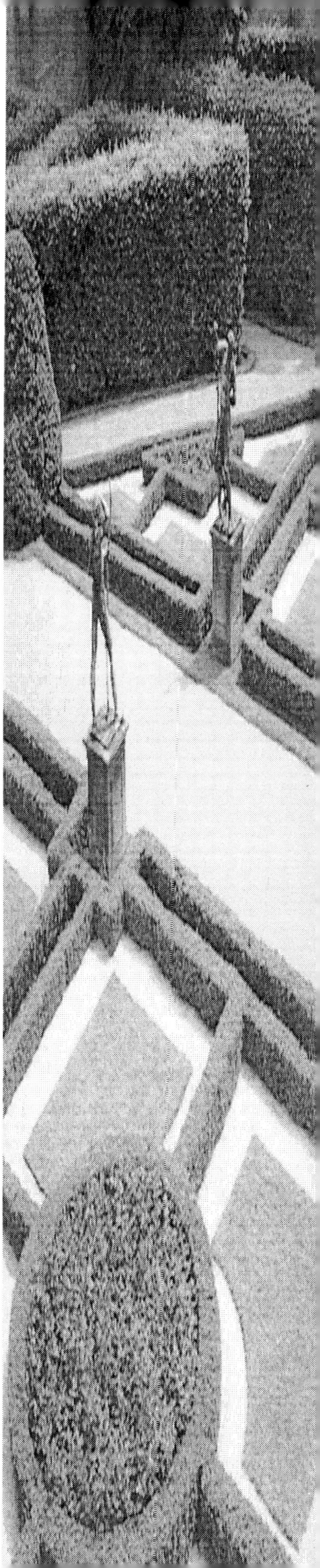

»Wie Sie alle deutlich sehen können ...«

13 Gestaltung

Die Darstellungen in einer Präsentation bezeichnet man auch als Chart. Was Sie bei der Gestaltung Ihrer Charts beachten sollten, wenn Sie mit Ihrer Präsentation erfolgreich sein wollen, wird in dem nachfolgenden Kapitel erläutert.

13.1 Die zwei wichtigsten Gestaltungsregeln

Bei der Gestaltung von Charts gibt es zwei grundlegende Gestaltungsregeln. Diese Regeln scheinen so selbstverständlich, daß ich mich jedesmal als Teilnehmer von Präsentationen wundere, wie oft dagegen verstoßen wird. Wenn Sie bei Ihren Präsentationen diese Regeln beachten, ist Ihnen mit neunzigprozentiger Sicherheit eine erfolgreiche Visualisierung gelungen. Diese Regeln gelten unabhängig davon, welches Medium Sie bei Ihrer Präsentation einsetzen wollen. Aber wie lauten denn jetzt diese zwei Regeln?

1. Regel: Alles was Sie visualisieren, muß von allen Ihren Teilnehmern gut erkannt werden können!

Die Betonung liegt darauf, daß »alles« von »allen« »gut« erkannt werden muß. Wenn Sie Dinge visualisieren, die Ihre Teilnehmer nicht erkennen, dann können Sie sich das Ganze auch gleich sparen. Nicht alle sitzen in der ersten Reihe. Denken Sie auch an Ihre Teilnehmer, die weiter hinten sitzen. Machen Sie vor Ihrer Präsentation einen »Sehtest«. Legen Sie Ihre Folie oder hängen Sie Ihr Plakat auf und gehen dann in die hinterste Ecke Ihres Präsentationsraumes. Ist alles gut zu erkennen? OK! Können Sie Ihre Darstellung gerade so erkennen oder Teile davon gar nicht? Dann ist nochmal gestalten angesagt!

Sehtest machen

2. Regel: Reduzieren auf das Wesentliche

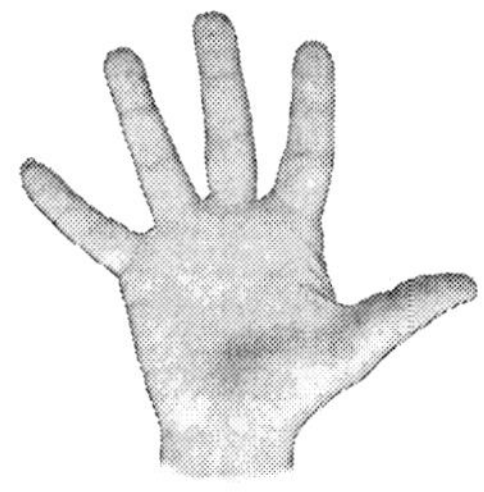

Einhandregel

»Na, wie war die Präsentation von Frau Kraft?« »Wahnsinn! Eine Folie nach der anderen mit total vielen Infos drauf. So viel, daß ich gerade die Hälfte lesen konnte. Viele bunte Bilder. Aber mehr weiß ich auch nicht. Es ging alles so schnell. So viele Eindrücke. Ich konnte nicht alles aufnehmen.«

Hier gilt genauso wie bei der Zusammenstellung des Inhaltes: »Weniger ist mehr!« »Reduzieren auf das Wesentliche!« Hier ist nicht die Frage »Ah, da ist ja noch etwas Platz auf meiner Folie. Was könnte ich denn da noch hinpacken?«, sondern »Was kann ich weglassen? Wie kann ich die Darstellung vereinfachen?« Nicht die volle, sondern die im wahrsten Sinne des Wortes »übersichtliche« Folie, ist die bessere. Als Gedankenstütze gilt hier die »Einhandregel«. Alles was ich an einer Hand abzählen kann ist OK. Mehr ist zuviel. Maximal fünf Stichworte oder Halbsätze pro Chart, maximal fünf Linien oder Balken bei einem Diagramm. Reduzieren, reduzieren und nochmals reduzieren. Streichen, streichen und nochmals streichen. Nur das Wichtigste einfach darstellen. Ihre Bilder und Graphiken sind eine Unterstützung zu Ihren gesprochenen Erklärungen. Kommentar von einer Teilnehmerin nach einer Präsentation: *»Tolle Präsentation. Ich wußte immer, um was es geht. Die wichtigen Punkte waren herausgestellt. Es wurde darauf hingewiesen, auf was es ankommt. Die Hauptthesen wurden in Kernaussagen zusammengefaßt. Der Referent hat sich nicht in Details verloren oder mit Kleinigkeiten verzettelt. Die Darstellungen waren überschaubar, erfassbar, übersichtlich und verständlich.«*

Wenn Sie jetzt irgendwann eine Firma mit sechs Mitarbeitern besitzen und wollen deren Leistungen in einer Graphik darstellen, was machen Sie dann mit der »Einhandregel«? Sie brauchen niemanden zu entlassen! Eine Regel ist eine Regel und kein Gesetz. Es gilt aber: Je komplizierter eine Graphik, je länger müssen Sie darauf eingehen. Alle Elemente in einer Darstellung müssen auch erläutert werden. Stellen Sie etwas dar, was Sie nicht erläutern, dann lassen Sie es besser gleich weg. Ihre Teilnehmer folgen nicht verbalen Erläuterungen, während sie parallel einen völlig anderen Zusammenhang visuell erfassen. Ihre verbalen Erklärungen müssen immer in dieselbe Informationsrichtung wie Ihre visuellen Darstellungen zielen.

»Hier noch mal die wesentlichen Daten kurz dargestellt«

13.2 Weitere Gestaltungstips

Zusätzlich zu den zwei eben erwähnten Gestaltungsgrundregeln gelten folgende Gestaltungstips:

- Eine Aussage pro Chart

Auf eine Folie oder auf ein Plakat gehört auch nur ein Sinnzusammenhang. Packen Sie nicht mehrere Präsentationsabschnitte auf eine Folie. Lieber eine Folie mehr, als eine zu vollgepackte.

- Einheitlichkeit bei mehreren Charts

Schön ist es, wenn Ihre Darstellungen einen Wiedererkennungswert haben. Wenn alle Überschriften die gleiche Schriftart haben oder alle wichtigen Punkte mit derselben Farbe gekennzeichnet sind. Stellen Sie ein eigenes Normungssystem auf, eine Art Darstellungscode. Diesen Code können Sie natürlich auch erläutern: *»Alle Daten, die unsere Firma betreffen, sind in den Diagrammen immer blau dargestellt.«* Es ist nicht wichtig, ob Sie Grün oder Blau nehmen. Wichtig ist, daß Sie sich an die einmal aufgestellten Regeln auch halten. Ihre Teilnehmer haben sich nach kurzer Zeit an Ihren Darstellungscode gewöhnt und sind dann irritiert, wenn Sie ihn plötzlich ändern.

- Seite »gleichmäßig« füllen

Quetschen sie Ihre Darstellung nicht in eine Ecke oder an den unteren Rand. Ihre Folie oder Ihr Plakat sollten auf eine angenehme Weise als Ganzes ausgenutzt werden. Das heißt nicht, daß Sie keinen Rand lassen oder alle Freiflächen füllen sollten.

- Mit Freiflächen gestalten

Ihre Darstellungen dürfen nicht »voll« sein. Gestalten Sie wirkungsvoll mit freien Flächen.

- Sparsam mit Effekten

Vermeiden Sie grelle Farben, übertriebene 3D Darstellungen oder schrille Effekte. Gehen Sie mit solchen Aufmerksamkeitsweckern sehr sparsam um, sonst haben sich die Effekte schnell abgenutzt.

- Überschrift

Ihre visuelle Darstellung sollte immer eine aussagekräftige, kurze, deutlich vom anderen Text abgesetzte Überschrift haben.

- Kräftige Schrift und Striche

Wenn Sie auf ein Flipchart oder auf eine Folie zeichnen, nehmen Sie einen dicken Stift. Auch beim Gestalten mit dem Computer, als Strichstärke nicht »Haarlinie« wählen.

- Rand / Rahmen

Lassen Sie bei Ihren Darstellungen immer einen Rand. Folien und Flipchartbogen nie bis eng an den Rand beschriften. Sie können Ihren Darstellungen auch einen Rahmen geben.

- Große Flächen hell, kleine Flächen dunkel

Wählen Sie bei Ihren Graphiken für größere Flächen helle Farben und für kleinere Flächen dunklere Farben. Dies gilt auch für Schraffuren oder Grauwerte.

- Bilder, Symbole und Piktogramme

Symbole werden ohne große Worte verstanden. Setzen Sie Symbole in Ihrer Präsentation als Orientierungshilfe oder als Zusatzelement in Ihren Graphiken ein. Kombinieren Sie Ihren Text mit kleinen Symbolen, sogenannten Piktogrammen. Entwickeln Sie eigene Piktogramme, die Sie am Anfang der Präsentation erläutern. Diese Symbole können den roten Faden Ihrer Präsentation bilden. Durch Pfeile können Sie Ihren Darstellungen Richtung und Dynamik verleihen.

13.3 Farben

Setzen Sie Farben dezent und gezielt ein. Farben sind eine gute Möglichkeit die Aufmerksamkeit zu lenken. Farbig heißt nicht bunt. Um Farben wirkungsvoll einzusetzen, sollten Sie folgende Punkte beachten:

- Farben sparsam einsetzen

Als Regel gilt hier maximal drei Farben plus Schwarz.

- Farbsystem entwickeln

Verwenden Sie für gleiche Sinnzusammenhänge auch gleiche Farben. Dieser Farbcode sollte sich durch Ihre ganze Präsentation ziehen. Haben Sie zum Beispiel in einem Chart für Ihre Daten die Farbe blau gewählt, sollten Sie das in allen weiteren Darstellungen beibehalten. So entsteht bei Ihren Teilnehmern ein Wiedererkennungseffekt.

- Kontraste beachten

Wollen Sie auch Hintergründe farbig gestalten, denken Sie daran: »Helle Schrift - dunkler Hintergrund und dunkle Schrift - heller Hintergrund«. Also nicht wie die »ostfriesische Nationalflagge« weißer Adler auf weißem Grund.

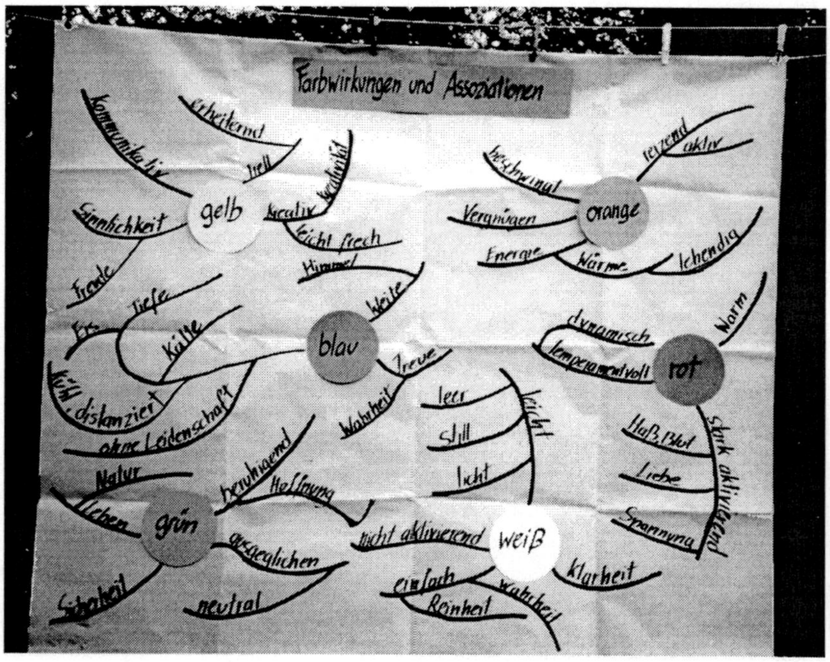

■ Farbeinsatz

Schwarz	Schrift, Kontur, Graphik, Zeichnung, Schraffur
Weiß	Hintergrund
Rot	Betonung, Hinweise, Füllfarbe für Graphik
Grün	Betonung positiv, Füllfarbe für Graphik
Blau	Schrift, Füllfarbe für Graphik
Gelb	Hintergrund, Füllfarbe für Graphik
Orange	Füllfarbe für Graphik

■ Farbwirkung beachten

Farben haben Symbolcharakter. Denken Sie an den Straßenverkehr. Rot für Stop und Achtung, Grün für freie Fahrt. Farben können auch unterschiedliche Wirkungen auf unser Gemüt haben. Manche Räume sind bewußt in hellen Farben gehalten, um bestimmte Stimmungen hervorzurufen. Die Wirkung von Farben ist natürlich nicht genormt. Nicht auf jeden wirkt Rot gleich. Die Wirkung ändert sich je nach Farbintensität und Farbzusammensetzung. Sie ist aber auch von der Wechselwirkung mit anderen Farben und von den individuellen Erfahrungen des Betrachters mit dieser Farbe abhängig. Das »Farb Mind-Mapping« auf der vorherigen Seite, ist mit Teilnehmern eines Präsentationsseminars entstanden. Haben Sie ähnliche Farbassoziationen?

13.4 Text-Charts

■ Stichworte

Nicht der ganze Text, den Sie vortragen, muß visualisiert werden. Sie werden jetzt vielleicht schmunzeln, aber ich habe es schon erlebt, daß das gesamte Redemanuskript auf eine Folie kopiert war und man dies mitlesen konnte, sofern man Adleraugen hatte. Stichworte oder Halbsätze reichen aus.

■ Eine Schriftart

Arial oder Times, Courier oder Umbra? Ihnen sagen diese Worte nichts? Dann haben Sie wahrscheinlich auch keinen Computer und können diesen Abschnitt getrost überspringen. Der Computer bietet Ihnen eine fast unüberschaubare Zahl an Schriftarten. Nutzen Sie *nicht* alle. Beschränken Sie sich bei der Textgestaltung auf ein bis maximal zwei Schriftarten. Gestalten Sie besser mit einer Schriftart und variieren Sie diese.

- Sparsam mit Auszeichnungen

Wenn Sie eine Schrift durch fett oder kursiv hervorheben, bezeichnet man dies als Auszeichnung. Gehen Sie mit solchen Auszeichnungen sehr sparsam um. Als Regel gilt hier: Eine Schrift immer nur mit einer Auszeichnung hervorheben. Also entweder fett oder kursiv oder farbig oder größer. Nicht fett und kursiv und farbig und größer.

- Maximal drei Schriftgrößen

Genauso wie mit den Auszeichnungen auch mit dem Schriftgrößenwechsel sparsam umgehen.

- Nicht »brüllen« oder »flüstern«

Gestalten Sie den Schriftgrößenwechsel erkennbar aber nicht extrem. Also nicht extrem große Buchstaben, schriftlich »gebrüllt«, im Wechsel mit einer »geflüsterten« Minischrift.

- Gliederungszeichen

Erleichtern Sie Ihren Teilnehmern den Überblick auf Ihrem Text-Chart durch Gliederungszeichen, die Sie vor jedes Stichwort oder jeden Halbsatz setzen. Lassen Sie zwischen jeder Zeile ausreichend Platz. Hier eine Auswahl von Gliederungszeichen: ■ • ♦ ◆ ⇨ ➔ ➢

Schriftgestaltung

Warum sollten Sie sich mit dem Thema Schrift beschäftigen? Viele Visualisierungsfehler werden bei der Schriftgestaltung gemacht. Fast keine Visualisierung kommt ohne Schrift aus, und es lohnt sich, wenn Sie sich ein wenig intensiver mit diesem Thema beschäftigen. Die richtige Gestaltung der Schrift wird die Qualität Ihrer Präsentation wesentlich verbessern.

- Druckbuchstaben

Ihre Handschrift hat sicherlich interessante, ganz individuelle Züge. Die Individualität der Schrift geht meist auf Kosten der Lesbarkeit. Damit unter Ihren Zuschauern nicht das große Rätselraten ausbricht, verwenden Sie grundsätzlich nur Druckbuchstaben. Wollen Sie leserliche Folien und Flipcharts gestalten und keine Hyroglyphen, wie mancher Arzt auf dem Rezept, verzichten Sie auf Schreibschrift.

- Groß- und Kleinbuchstaben

Beim Lesen sind wir es gewohnt, die Wörter als ganzes zu erfassen. Wir lesen keine einzelnen Buchstaben, sondern erfassen die Wörter in ihrem

Gesamteindruck. Bei der Schreibweise sind wir an die Groß- und Kleinschreibung gewöhnt. Texte mit Groß- und Kleinbuchstaben sind schneller und besser zu erfassen.

- Ausreichende Schriftgröße

Denken Sie auch an Ihre Teilnehmer in der letzten Reihe, die nicht den Adlerblick haben. Die Schriftgröße muß groß genug sein, daß alle sie erkennen können. Je nach Medium und Teilnehmerstärke haben sich folgende Richtwerte bewährt.

Medium	*Gruppengröße*	*Schriftgröße*
Flipchart	1-5 Teilnehmer bis maximal 20 Teiln.	mindestens 2,5 cm 5 cm
Pinwand und Pinwandkarten	1-5 Teilnehmer bis maximal 20 Teiln.	mindestens 2,5 cm 5 cm
Overheadprojektor	1-große Gruppen	Folie 9 mm (PC 36 Punkt)

Beim Overheadprojektor ist die endgültige Schriftgröße von der Projektionsfläche abhängig.

Teilweise wird Ihnen die Schriftgröße etwas groß vorkommen, aber wählen Sie lieber eine zu große als eine zu kleine Schrift. Gerade bei Overheadfolien wird oft der Fehler einer zu kleinen Schrift gemacht. Es paßt ja so viel drauf. Hüten Sie sich vor diesem Fehler. Lieber zwei Folien, als eine mit zu kleiner Schrift und lieber Text streichen, als alles draufpacken.

- Fette Schrift

Wählen Sie die Strichstärke ausreichend dick. Eine dicke oder fette Schrift läßt sich aus der Entfernung besser lesen. Wenn Sie mit dem Computer arbeiten, wählen Sie eine fette Schriftart. Falls Sie mit der Hand schreiben, benutzen Sie einen dicken Stift. Ihre Schrift wird dadurch lesbarer und sicherer.

- Buchstaben eng aneinanderschreiben

Dehnen Sie Ihre Schrift beim Schreiben nicht zu sehr auseinander. Wenn Sie viel Platz zwischen den Buchstaben lassen, geht dies auf Kosten der Übersichtlichkeit und Lesbarkeit. Schreiben Sie die Buchstaben eng aneinander.

- Kurze Ober- und Unterlängen

Falls Sie Ihre Unterlagen mit der Schreibmaschine oder mit dem Computer gestalten, werden Sie mit diesem Problem nichts zu tun haben. Schreiben Sie Ihre Folien mit der Hand oder arbeiten Sie mit Tafel, Pinwand oder Flipchart, werfen Sie mal einen Blick auf die Ober- und Unterlängen Ihrer Schrift. Die sind nämlich häufig zu lang. Was sind denn die Ob3895Xe und Unterlängen? Bei einer Schrift gibt es eine Mittellänge, auf der sich Buchstaben ohne Ober- und Unterlänge befinden. Kein Zipfel von ihnen ragt darüber hinaus. Dazu gehören zum Beispiel das kleine u, das a oder das o. Buchstaben, die nach oben herausragen haben eine Oberlänge wie t, l oder f und die nach unten ragen, haben eine Unterlänge wie g oder p.

Schrifttest: Schreiben Sie etwas in Druckbuchstaben auf ein Blatt Papier. Versuchen Sie, Ihre Schrift so zu bemessen, daß sie eine Gesamthöhe von 2,5 cm hat. Nach Ihrer Schriftprobe messen Sie die Ober- und Unterlängen Ihrer Schrift. Aus Erfahrung ergibt sich ein angenehmes und leicht zu lesendes Schriftbild, wenn die Mittellänge 1,5 bis 2 Zentimeter und die Ober- und Unterlängen je 0,5 Zentimeter lang sind. In der Regel sind wir geneigt die Ober- und Unterlängen zu lang zu machen.

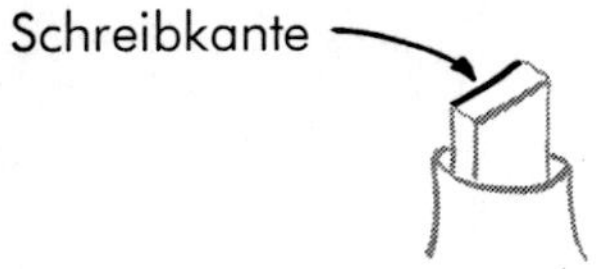

Richtig Schreiben

Was soll das? Wir alle können doch schreiben. Trotzdem möchte ich Ihnen ein paar Anregungen geben, die Ihr Schriftbild verbessern. Zuerst der richtige Stift: ganz wichtig, nicht zu dünn. Wählen Sie für alle Darstellungen einen dicken Stift mit rechteckiger Schreibspitze. Keine runde Spitze.

Setzen Sie den Stift mit der Schreibkante waagerecht auf. Drehen Sie den Stift beim Schreiben nicht, entsteht bei waagerechter Schreibbewegung ein dünner und bei senkrechter Schreibbewegung ein dicker Strich. Behalten Sie diese Technik beim Schreiben bei, entsteht ein angenehmer und gut lesbarer Schriftzug.

13.5 Darstellung von Zahlen

»Guten Tag meine Damen und Herren. Ich präsentiere Ihnen heute die Umsatzzahlen unseres Hauses. Die Entwicklung der letzten zwölf Monate verlief wie folgt. Im Januar hundertelftausendsiebenhundertzwanzigkommasiebenunddreißig DM, im Februar waren es neunhundertsiebenundachzigtausendvierhunderteinundzwanzigkommadreiundsiebzig DM, für März fünfhundertzweiundsechzigtausendzweihunderteinundvierzigkommafünfundzwanzig ...«

Ich erspare Ihnen hier den Rest der Präsentation. Wissen Sie noch eine einzige Zahl? Auch nur ungefähr? Wie war die Entwicklung bis März?

Ging es bergab oder bergauf? War der Januar oder der Februar besser? Diese Art des Zahlenvortrags sollten Sie nur wählen, um Ihre Zuhörer zu verwirren, einzuschläfern und zu langweilen. Das ist aber höchstens angebracht, wenn die Umsatzzahlen nicht so gut waren, und Sie die Sache verschleiern wollen.

Wollen Sie, daß Ihre Teilnehmer informiert nach Hause gehen, müssen Sie die Zahlen visualisieren. Auch kürzere und einfachere Zahlenzusammenhänge sollten visualisiert werden. Sie kennen die näheren Zusammenhänge und haben sich schon intensiv mit dem Zahlenmaterial beschäftigt, Ihre Teilnehmer aber nicht. Bereiten Sie Ihre Zahlen in Diagrammen visuell auf.

Diagramme vereinfachen

Bei Diagrammen müssen nicht alle Daten dargestellt werden. Wichtig sind die Eckdaten. Auch hier gilt die Regel: *»Nicht mehr als fünf Informationen pro Bild.«* Das klingt recht wenig. Aber mehr können Ihre Teilnehmer nicht so schnell aufnehmen. Für Graphiken heißt das maximal fünf Kurven, maximal fünf Säulen oder bei einem Kreisdiagramm maximal fünf Unterteilungen. Und maximal bedeutet maximal. Nicht mindestens. Gut sind Graphiken mit drei Kurven oder drei Säulen. Oft denken Sie dann vielleicht: *»Das ist nicht vollständig.« »Das ist zu einfach.« »Da lachen ja die anderen, wenn ich das so simpel darstelle.«* Aber bedenken Sie, daß Sie viel mehr Information zu Ihrem Thema haben. Sie besitzen das ganze Hintergrundwissen. Ihnen kommt das vielleicht alles banal vor und Sie meinen, die Feinheiten und Details auch vermitteln zu müssen. Ihre Teilnehmer wollen die wichtigen Dinge erfahren. Oft lassen sich auch mehrere kleinere Posten zu einem zusammenfassen.

Alles muß erkennbar sein

Das klingt logisch. Aber gerade bei Graphiken, die mit Hilfe des Computers erstellt werden, sind oft zu viele Daten hineingepackt. Auch aus Büchern kopierte Darstellungen sind meist zu klein. Achsenbeschriftungen sind unleserlich und Zahlen können nicht mehr erkannt werden. Mich ärgert es immer, wenn ich Teile von Darstellungen nicht erkennen kann. Entweder ist es *wichtig*, dann will ich es auch lesen oder es ist *unwichtig*, dann gehört es nicht in die Darstellung. Denken Sie daran, daß Sie Ihre Graphiken immer auch verbal erläutern. Die Darstellung muss sich nicht »selbsterklären«. Sie dient zur Unterstützung und nicht zur Verwirrung Ihrer Aussagen.

Diagrammtypen

Keine Angst, ich werde jetzt keine Statistikeinführung geben. Aber Diagramme sind in einer Präsentation sehr wichtig. Besonders gute Diagramme, bei denen Sie auch erkennen, was ausgesagt werden soll. Keine Wahlsendung käme ohne Diagramme aus. Sitzverteilungen und Stimmenanteile sind ohne Visualisierung kaum vorstellbar. Ich gebe Ihnen hier eine Übersicht über die gängigsten Diagrammtypen. Wichtig ist, das Diagramm nicht zum Selbstzweck einzusetzen. Nach dem Motto: *»In jede gute Präsentation gehören mindestens zehn Diagramme, und irgendwelches Zahlenmaterial wird sich schon finden.«* Jede Darstellung muß eine Aussage haben, die zum Präsentationsthema paßt und klar erkennbar ist.

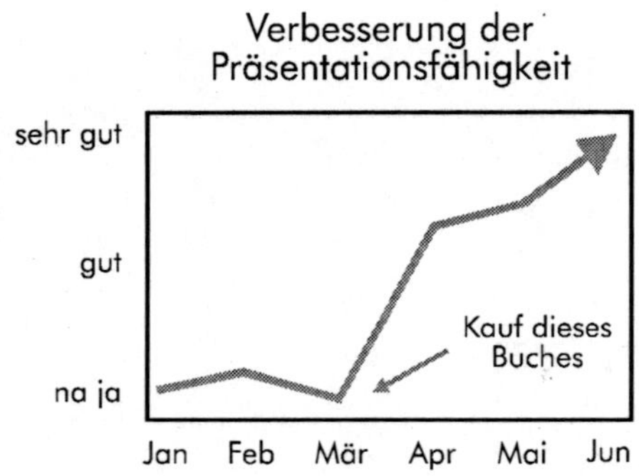

Linien- oder Kurvendiagramm

Wozu eignet es sich? Liniendiagramme oder auch Kurvendiagramme genannt, eignen sich am besten zur Darstellung von Entwicklungen. Die gängigste Form ist die Darstellung einer Entwicklung in Abhängigkeit zur Zeit. Maximal fünf Kurven mit fünf Datenpunkten. Je weniger Kurven desto mehr Datenpunkte können enthalten sein.

Beispiel: Im Beispiel soll deutlich gemacht werden, wie sich die Präsentationsfähigkeit im Laufe der Zeit verbessert. Ganz besonders nach dem Studium dieses Buches.

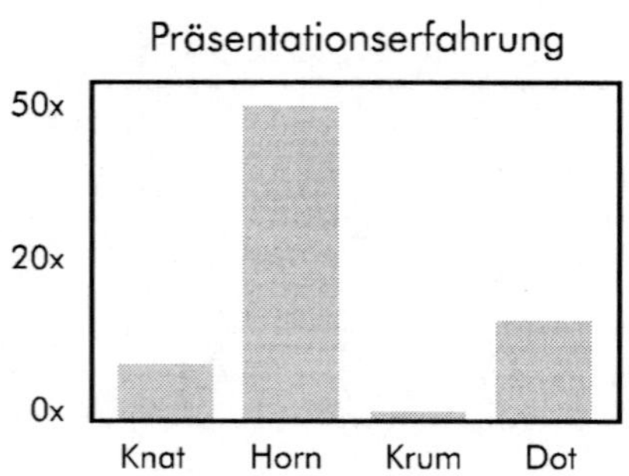

Säulen- oder Balkendiagramm

Wozu eignet es sich? Die Säulen werden senkrecht dargestellt. Ähnliche Anwendung wie beim Kurvendiagramm. Darstellung von Werten in einer Zeitabfolge. Aber auch absolute Werte ohne Zeitfolge und Abhängigkeiten einer Variablen von einer anderen, können dargestellt werden. Maximal fünf Säulen. Ein um 90° gekipptes Säulendiagramm nennt man Balkendiagramm. Es bietet dieselben Einsatzmöglichkeiten wie ein Säulendiagramm.

Beispiel: Es ist dargestellt wie oft Frau Knat, Frau Horn, Herr Krum und Herr Dot Präsentationen durchgeführt haben. Der Erfahrungsvorsprung von Frau Horn soll deutlich werden.

Kreis- oder Tortendiagramm

Wozu eignet es sich? Zur Darstellung von Prozentanteilen oder Teilen eines Ganzen. Wie teilt sich das Haushaltseinkommen auf, wie ist die Sitzverteilung im Bundestag oder wie die prozentuale Aufteilung der Kosten? Teilen Sie die Torte nicht in zu viele kleine Stücke. Häufig lassen sich kleinere Anteile zu einem Oberberiff zusammenfassen. Wenn es speziell um diese kleineren Anteile geht, zeichnen Sie dafür lieber ein extra Diagramm. Die Regel lautet maximal fünf »*Tortenstücke*«.

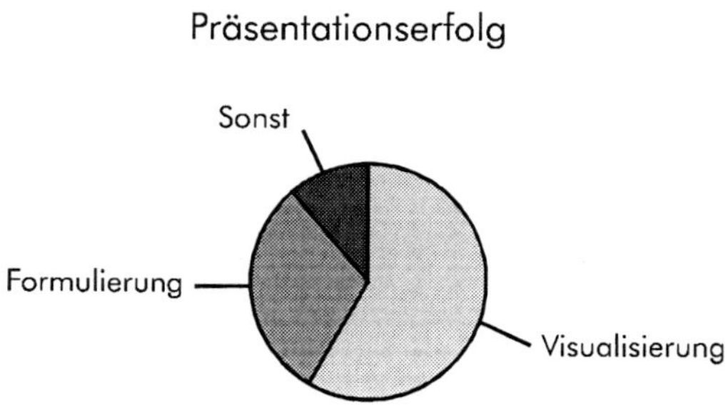

Beispiel: Es ist dargestellt, welche Ursachen einem Präsentationserfolg zugrundeliegen. Es soll deutlich werden, daß eine gute Visualisierung wichtig ist.

Piktogrammgraphiken

Alle Diagrammtypen lassen sich auch als sogenannte Piktogrammgraphiken darstellen. Die Zahlen und Werte werden in Form von Symbolen dargestellt. Diese Form der Visualisierung ist einprägsamer als nüchterne Balken und Säulen. Alles ist gleich »*einsehbar*«.

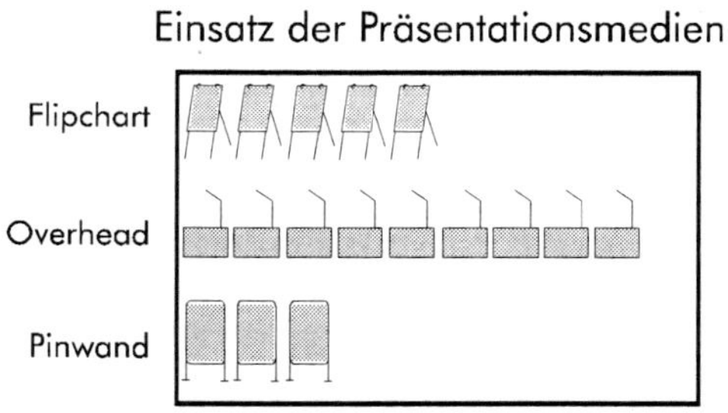

Beispiel: Es ist dargestellt wie häufig die einzelnen Präsentationsmedien bei Vorträgen eingesetzt wurden. Die Medien sind in diesem Balkendiagramm als Piktogramme dargestellt.

13.6 Darstellen von Strukturen

Oma Friese erklärt Ihnen die weitverzweigten Beziehungen ihrer Verwandtschaft: »*Und dann ist da noch Onkel Karl, der hat zwei Nichten, die wiederum die Tanten von Sybille und Hans sind, die jeweils zwei Kinder haben ...*« Spätestens hier schalten Sie wahrscheinlich ab. Sie haben den Überblick verloren.

Um Zusammenhänge oder Abläufe überschaubar zu gestalten, gibt es verschiedene Darstellungsformen. Die wichtigsten sind im Folgenden dargestellt.

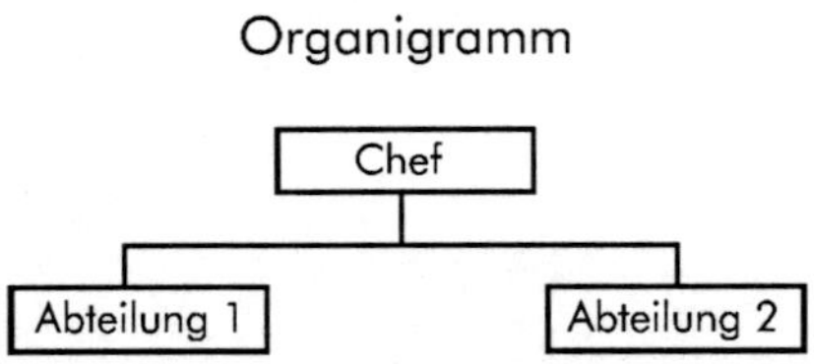

Organigramm, Baum- oder Wurzelstruktur

Jeder, der seine Festplatte geordnet hat, kennt die Wurzelstruktur. Wenn Sie in einer größeren Firma arbeiten, haben Sie sicherlich auch schon das Organigramm gesehen, an dessen Spitze Sie wahrscheinlich nicht stehen, aber gerne hin wollen. Ohne graphische Darstellungen wären solche Sachverhalte schwer zu verstehen. Begehen Sie nicht den Fehler von Oma Friese, der die Verwandtschaftszusammenhänge sicherlich völlig klar sind. Sie hätte gut daran getan, Ihnen einen Stammbaum zu skizzieren. Sofort hätten Sie den Überblick gehabt.

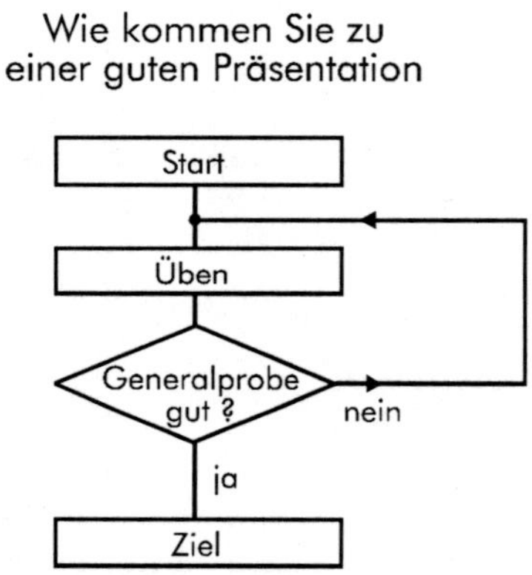

Ablaufdiagramm

Für den, der schon einmal ein Computerprogramm erstellt hat, ist das ein alter Hut. Das Ablaufdiagramm ist überall angebracht, wo Abläufe visualisiert werden.

Im Beispiel ist der Ablauf dargestellt, wie Sie zu einer guten Präsentation kommen. Sie kreisen so lange in der »Üben-Schleife« bis Ihre Entscheidung »Generalprobe gut ?« mit »Ja« beantwortet werden kann.

Listen und Tabellen

Tabellen und Listen schaffen Überblick, falls sie nicht zu voll gestaltet werden. Elemente, die wichtig sind, sollten Sie farbig hervorheben. Einsatzmöglichkeiten sind Textgliederung, Ergebnislisten, Entscheidungsmatrix oder Zahlentabellen.

13.7 Mit dem Computer gestalten

»Wahnsinn die Präsentation von Frau Bit. Ich habe zwar nichts erkennen können, aber die Graphiken sahen echt super aus. Tolle Effekte. Die muß einen super Computer haben.«

Sie haben auch einen Rechner und gestalten Ihre Diagramme damit? Hier gilt: »*Weniger ist mehr*«. Bei Drei-D Graphiken oder ähnlich aufgepeppten Darstellungen geht es oft nur um den »*Wow, sieht ja gut aus*« Effekt. Übersichtlichkeit und Vergleichbarkeit bleiben auf der Strecke. Oder können Sie erkennen, ob die vordere Säule höher oder niedriger ist, als die in der hinteren Ecke?

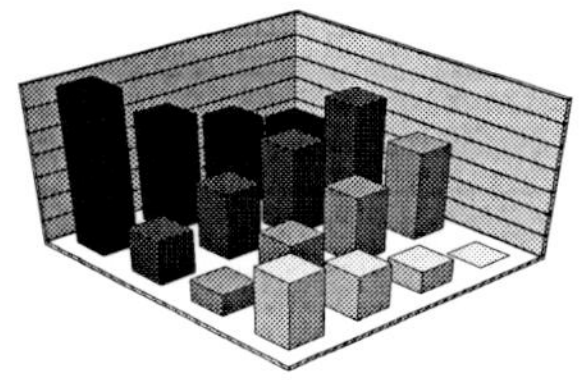

Wow-Computergraphik

Inzwischen gibt es unzählige Programme, die Ihnen helfen können, Präsentationen vorzubereiten. Ganze sogenannte Multi Media Präsentationen lassen sich per »Enter Taste« starten. Lassen Sie sich nicht von den zahlreichen Möglichkeiten verführen. Sie sollten bei Ihrer Präsentation nicht von der Techik verdrängt werden. Der Computer ist ein Werkzeug, der Ihnen richtig eingesetzt, helfen kann eine professionelle Präsentation vorzubereiten und durchzuführen.

Frisches Tortendiagramm im Angebot.

13.8 Checkliste: Gestaltung

Zwei Grundregeln

- ✓ Alles muß von allen Teilnehmern gut erkannt werden können »Sehtest«
- ✓ Reduzieren auf das Wesentliche »Einhandregel«

Weitere Gestaltungstips

- ✓ Eine Aussage pro Chart
- ✓ Überschrift
- ✓ Rand / Rahmen
- ✓ Mit Freiflächen gestalten
- ✓ Seite »gleichmäßig« füllen
- ✓ Sparsam mit Effekten
- ✓ Einheitlichkeit bei mehreren Charts
- ✓ Kräftige Schrift und Striche
- ✓ Große Flächen hell, kleine Flächen dunkel
- ✓ Bilder, Symbole und Piktogramme

Farbe

- ✓ Farben sparsam einsetzen (max. 3 Farben plus schwarz)
- ✓ Farbsystem entwickeln
- ✓ Kontraste beachten
- ✓ Farbwirkung beachten

Text-Charts

- ✓ Stichworte
- ✓ Eine Schriftart
- ✓ Sparsam mit Auszeichnungen
- ✓ Maximal drei Schriftgrößen
- ✓ Nicht schriftlich »brüllen« oder »flüstern«
- ✓ Gliederungszeichen

Schriftgestaltung

- ✓ Druckbuchstaben
- ✓ Groß- und Kleinbuchstaben
- ✓ Ausreichende Schriftgröße
- ✓ Fette Schrift
- ✓ Buchstaben eng aneinander
- ✓ Kurze Ober- und Unterlängen

Diagramme

- ✓ Diagramme vereinfachen
- ✓ »Einhandregel« (max. 5 Kurven, Balken oder Stücke)

14

Medien

Medieneinsatz bedeutet mehr als den Fernseher einzuschalten

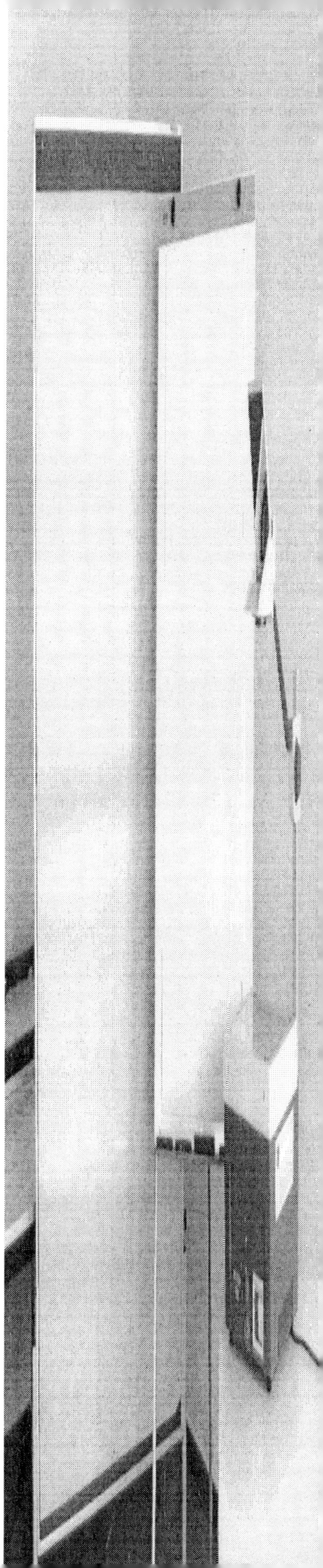

14 Medien

Herr Richter beginnt seine Präsentation, indem er schnell hintereinander drei Folien auflegt. Dann eilt er zum Flipchart, um den vorgeschriebenen Text sichtbar zu machen. Währenddessen legt er die vierte Folie auf. Während er den Inhalt des inzwischen umgeblätterten Flipcharts knapp erläutert, pinnt er verschiedene Karten an die drei bereitstehenden Pinwände, um kurz darauf Folie fünf bis acht zu präsentieren. Zwischendurch entschuldigt er sich, daß er nicht alles Material dabei habe, hofft aber, auch so alles deutlich zu machen. Zum Schluß steht er schweißüberströmt, aber lächelnd zwischen Overheadprojektor und Pinwand, während hinter ihm die letzte Graphik auf dem Flipchart glänzt.

Hüten Sie sich davor, so einen Medienzauber zu veranstalten. Aber verzichten Sie nie ganz auf den Einsatz von Medien. Setzen Sie die Medien gezielt ein. Nicht Technik um jeden Preis. Aber auch nicht: *»Mit diesem Medienzeug will ich nichts zu tun haben.«* Wie so oft ist der goldene Mittelweg der Richtige. Die gängigsten Medien, die Sie fast in jedem Vortragsraum vorfinden, sind:

- Overheadprojektor
- Flipchart
- Pinwand
- Tafel

In den nächsten Kapiteln beschreibe ich die Einsatzmöglichkeiten der gängigsten Medien. Sind Sie ein alter Medienhase, können Sie diese Abschnitte überspringen. Aber vielleicht ist doch der eine oder andere neue Denkanstoß dabei. Oder Sie bekommen Lust ein neues Medium auszuprobieren, das Sie bisher noch nicht eingesetzt haben.

14.1 Der Overheadprojektor

Der Overheadprojektor, auch Tageslichtprojektor oder kurz Overhead, noch kürzer OH genannt, ist eines der verbreitesten Medien. In fast allen Tagungs- oder Schulungsräumen finden Sie heute so ein Gerät vor. *»Mit so einem einfachen Gerät werde ich schon klarkommen.«* Aber wie alle technischen Geräte hat auch dieses seine Tücken, und oft werden die Schwierigkeiten, die auftreten können, unterschätzt.

Vorteile Overhead

\+ Folien sind schnell, einfach und in guter Qualität herzustellen. + Von Folien können Kopien angefertigt werden. + Folien sind bequem zu transportieren und zu archivieren. + Die Technik ist relativ einfach. + Der Raum muß zur Vorführung nicht verdunkelt werden. + Einsatz vor größerem Publikum ist möglich. + Sie können ständigen Blickkontakt mit den Teilnehmern halten. + Sie können sowohl im Sitzen als auch im Stehen vortragen. + Sie können Gedankengänge und Ideen auf der Folie entwickeln. + Ergänzungen während des Vortrags sind möglich.

Nachteile Overhead

– Technisches Gerät kann tückisch sein. – Stromanschluß muß vorhanden sein. – Lautes Gebläse kann störend auf Sie und Ihre Teilnehmer wirken. – Bei schlechter oder falsch angebrachter Projektionsfläche kann es zu Unschärfen und Verzerrungen der Darstellungen kommen. – Es kann immer nur eine Folie betrachtet werden. Somit ist keine ständige Betrachtung vorangegangener Darstellungen möglich, wie z.B. bei abgehängten Flipchartzeichnungen.

14.1.1 Materialkunde zum Overheadprojektor

Projektor

Grundsätzlich gibt es zwei Arten von Projektoren. Den Durchlichtprojektor und das Reflexionsgerät. Beim Durchlichtprojektor sitzt die Lampe unterhalb der Folie im Gehäuse. Beim Reflexionsgerät befindet sich die Lichtquelle oberhalb der Folie und das Licht wird durch eine Reflexionsfläche unterhalb der Folie reflektiert. Was sind die Vor- und Nachteile der einzelnen Gerätetypen? Die Durchlichtgeräte sind unhandlich aber gut für den stationären Einsatz geeignet. Sie haben eine starke Lichtquelle und sind displaytauglich. Auf den Displayeinsatz gehe ich in diesem Kapitel noch näher ein.

Reflexionsgeräte sind handlicher und können gut überall mit hingenommen werden. Die Lichtstärke ist geringer und die Größe der Teilnehmergruppe dadurch beschränkt. Falls Sie vorhaben mit einem Overhead zu präsentieren, erkundigen Sie sich vorher ob Hoch- und Querformat auf die Projektionsfläche passen. Selten, aber es gibt Geräte bei denen die Projektionsfläche nur ein Format zuläßt. Haben Sie hoch- und querformatige Folien vorbereitet, ist das eine böse Überraschung. Projektoren mit eingebauter Ersatzbirne ersparen Ihnen einen unangenehmen Lichtausfall.

Folien

- »Normale« Folien

Dieser Folientyp läßt sich mit Folienstiften beschriften.

- Kopierfähige Folien

Wollen Sie Folien mit Hilfe des Kopierers herstellen, müssen Sie unbedingt darauf achten, daß Sie sich kopierfähige besorgen. Die Benutzung »normaler« Folien führt zu kostspieligen Reparaturen. Die nicht hitzefesten Folien schmelzen im Kopierer.

- Bedruckbare Folien

Besitzen Sie einen Tintenstrahldrucker, haben Sie eine gute Möglichkeit Folien herzustellen. Für diesen Druckertyp gibt es spezielle Folien, die mit einer bedruckbaren durchscheinenden Schicht überzogen sind.

- Rollfolien

Schreiben Sie viel während ihrer Präsentation, können Sie auch eine Rollfolie verwenden. Am Projektor ist eine Vorrichtung angebracht; mit der ein langes Folienband oben weggekurbelt werden kann, während es sich unten abrollt. Ich bin kein Freund dieser Vorrichtung. Sie verlockt dazu, sehr viel und unübersichtlich zu schreiben. Nachteil ist auch, daß es sehr schwer ist, auf vorangegangene Dinge zurückzugreifen. Sie müssen alles, was dazwischen aufgeschrieben war, zurückkurbeln. Außerdem haben diese Rollen die Angewohnheit, zur Unzeit zu Ende zu gehen.

Flipframes

Zum Schutz und zum Archivieren Ihrer Folien gibt es spezielle Schutzhüllen, sogenannte Flipframes, die durchscheinend sind. Diese Schutzhüllen haben einen Rand aus Papier, der zum Beschriften genutzt werden kann. Dieser Rand erscheint in der Projektion dunkel und gibt Ihren Folien einen klaren Rahmen.

Stifte

Es gibt spezielle Overheadstifte. Wasserfeste und nicht wasserfeste. Wollen Sie dauerhafte Folien herstellen, die Sie immer wieder verwenden und nicht mehr ändern wollen, eignen sich wasserfeste Stifte zur Herstellung. Abwaschbare empfehlen sich, wenn Sie Änderungen vornehmen, die Folien zum Neubeschriften wiederverwenden oder in eine vorhandene Folie Ergänzungen einfügen wollen. Eine leere Tabelle, die fest auf der Folie ist, kann so immer wieder mit den aktuellen Zahlen gefüllt werden. Es gibt Referenten, die die Korrekturen an Ihren Folien während des Vortrages mit Spucke und Finger vornehmen. Eine elegantere Art ist ein feuchtes Papiertaschentuch. Folien die mit wasserfesten Stiften beschrieben sind, lassen sich mit Spiritus oder Aceton wieder reinigen.

Die Stifte gibt es in verschiedenen Farben und Stärken, von hauchdünn bis sehr dick. Im Interesse der Erkennbarkeit sollten Sie keine dünnen Stifte benutzen. Besorgen Sie sich welche mit rechteckiger Schreibspitze. Zum Markieren und Hervorheben besonderer Passagen werden Folienleuchtmarker angeboten. Mit normalen Filzstiften werden die projizierten Farben blaß und unansehnlich.

Overheadzeigestab

Wenn Sie in einer Darstellung auf etwas hinweisen wollen, dann zeigen Sie nicht auf die Leinwand. Entweder ist die Leinwand weit oben, und Sie geben ein etwas unglückliches Bild ab, wenn Sie sich reckend davorstellen. Oder die Leinwand hängt tiefer, dann werden Sie viel von Ihrer Darstellung durch Ihren Körper verdecken. Vermeiden Sie solche akrobatischen Schattenspiele. Wenn Sie mit dem Finger kurz auf die Folie zeigen, sehen Ihre Teilnehmer nur einen Schatten über die Darstellung huschen. Man bezeichnet dies auch als den Batman-Effekt, wie »der Schatten huscht vorbei und keiner weiß wo er gelandet ist«.

Die bessere Möglichkeit ist, Sie nehmen einen Stift oder besser einen Overheadzeigestab. Overheadzeigestäbe sind aus durchscheinendem Plexiglas und cirka fünfzehn Zentimeter lang. Zeigen Sie nicht nur kurz auf den Punkt, auf den Sie hinweisen wollen. Nach dem Motto: *»Zack und weg. Wer nicht aufgepaßt hat, hat Pech gehabt.«* Legen Sie den Zeigestab auf der Folie ab. So vermeiden Sie Verwackeln und Unschärfe. Vielleicht sind Sie auch ein wenig nervös und der zitternde Zeigestab würde dies überdimensional auf die Leinwand bringen. Wenn Sie den Overheadzeigestab auf der Folie ablegen, wirkt der gesamte Eindruck ruhig. Sie können vom Overhead zurücktreten, sind in der Gestik frei und Ihre Teilnehmer wissen, um welchen Punkt es geht.

Mögliche Formen von Overheadzeigestäben

Projektionsfläche

Kennen Sie den Grabsteineffekt? Das Projektionsbild ist oben breiter als unten. Dies können Sie verhindern, indem Sie die Projektionsfläche nach vorne neigen. Ihr Glück, wenn dies geht. Gut ist, wenn Sie eine Fläche haben, die reflektiert oder zumindest weiß und sauber ist und von allen Plätzen aus gesehen wird.

Overheaddisplay

Eine professionelle, aber auch mit technischen Schwierigkeiten verbundene Möglichkeit gute Präsentationsbilder an die Wand zu bringen, ist ein Overheaddisplay. Das Display liegt mit einer durchscheinenden Projektionsfläche auf dem Projektor und kann an den Computer oder einen Videorecorder angeschlossen werden. Alle Präsentationsgraphiken, die Sie auf Ihrem Rechner entwerfen, können projiziert werden. Sie brauchen für den Einsatz einen Durchlichtprojektor und einen Computer, Laptop oder Videorecorder.

14.1.2 Folienherstellung

Per Hand

Zeichnen sie Ihre Foliendarstellungen vorher auf einem Blatt Papier auf. Sie können dann die Folie darüberlegen und den Entwurf durchzeichnen. Denken Sie an ausreichend dicke Stifte und farbige Gestaltung.

Per Kopierer

Schwarzweiß Folien mit Schrift und Bildern lassen sich sehr gut mit dem Kopierer erstellen. Anstelle des Kopierpapiers legen Sie die hitzefesten Folien in den Papierschacht des Kopierers. Von Ihrer Vorlage können Sie dann direkt eine kopierte Folie anfertigen. Haben Sie Ihre Texte mit der Schreibmaschine erstellt, vergrößern Sie die Vorlage vorher mehrmals, um eine ausreichende Schriftgröße zu bekommen.

Per Drucker

Mit einem Tintenstrahldrucker lassen sich spezielle Folien direkt bedrukken. Haben Sie einen Farbdrucker, um so besser. Schnell und einfach haben Sie so Ihre Computergraphiken auf Folie.

»Nachkolorieren«

Sie haben keinen Farbtintenstrahldrucker und wollen sich auch keinen kaufen? Es gibt eine sehr einfache, aber wirkungsvolle Art Farbfolien herzustellen. Das Nachkolorieren. Peppen Sie Ihre, mit dem Kopierer hergestellten Folien, nachträglich mit Farbe auf. Mit den Folienstiften können Sie Flächen ausmalen, Wörter markieren oder farbige Elemente ergänzen.

14.1.3 Einsatz des Overheadprojektors

Zum Publikum sprechen

Der OH-Projektor ist das Medium, bei dem Sie am einfachsten den Blickkontakt zum Publikum halten können. Sie selbst stehen seitlich, hinter dem Gerät und können die projizierte Darstellung mit einem kurzen Blick auf den Projektor erfassen. Trotzdem gibt es immer wieder Vortragende, die mehr mit dem Gerät oder der Leinwand sprechen, als mit den Zuhörern.

Folien richtig auflegen

Haben Sie schon einmal erlebt, wie ein Referent verzweifelt versucht, die Folie richtig aufzulegen? Von spiegelverkehrt bis kopfstehend reichen die Varianten. Dabei ist es so einfach. Wenn Sie hinter dem Projektor stehen, liegt die Vorlage auf der Projektionsfläche weder auf dem Kopf, noch ist sie spiegelverkehrt. Zum optimalen Auflegen haben Sie Ihre Folien in der richtigen Reihenfolge sortiert. Der Projektor befindet sich rechts von Ihnen, damit Sie mit rechts auflegen und besser handschriftliche Ergänzungen durchführen können. Falls Sie Linkshänder sind, natürlich andersherum. Zwei Folienstapel erleichtern die Übersicht. Ein *erledigter* und ein *unerledigter*. Gut ist, wenn Sie eine Ablagemöglichkeit für Ihre Folie haben. Kommt eine Folie mehrmals in Ihrer Präsentation vor, lohnt es sich, diese Folie auch mehrmals herzustellen.

Folien wirkungsvoll einsetzen

Ab 3 Folien pro Sekunde ist es ein Film und keine Präsentation mehr. Vermeiden Sie es, bei Ihren Teilnehmern als ermüdender Folienjockey in Erinnerung zu bleiben. *»So das wollte ich Ihnen noch kurz zeigen und das hier auch noch. Aber ganz kurz. Und der Rest von dieser Folie ist nicht so wichtig.«* Und schwupp ist die Folie wieder weg. Setzen Sie lieber wenige Folien gezielt ein.

Folienablauf

Zur wirkungsvollen Präsentation mit Folien hat sich folgender Ablauf bewährt:

- Folie in Ruhe auflegen

Legen Sie Ihre Folie in Ruhe, bei ausgeschaltetem Projektor auf.

- Folie ankündigen

»Sie werden jetzt gleich eine Folie sehen, die ...« Kündigen Sie Ihre Folien an. Sie erhöhen dadurch die Aufmerksamkeit und erleichtern Ihren Teilnehmern das Erfassen der Darstellung.

- Projektor einschalten

Schalten Sie jetzt erst den Projektor ein.

- Kontrollblick zur Leinwand

Drehen Sie sich einmal kurz um und kontrollieren Sie die Projektion. Eventuell Lage und Schärfe korrigieren. Alles OK! Jetzt können Sie den Blickkontakt zu Ihren Teilnehmern wieder aufnehmen.

- Pause, Folie wirken lassen

Die Folie in Ruhe wirken lassen. In dem Moment, indem Sie eine neue Folie auflegen, ist die Aufmerksamkeit auf die Leinwand gerichtet. Ihre Teilnehmer wollen erst mal schauen und lesen. In diesem Moment hört Ihnen wahrscheinlich niemand zu.

- Folie erläutern, auf Folie zeigen

Jetzt die Folie erläutern. Und zwar die ganze Folie. Nicht nur Teile davon. Was Sie nicht erläutern, können Sie auch gleich weglassen. Durch Ablegen eines Overheadzeigestabes auf der Folie, richten Sie die Aufmerksamkeit Ihrer Teilnehmer auf wichtige Punkte Ihrer Darstellung.

- Projektor ausschalten

Nur Folien auflegen, um die es im Moment geht. *»Logisch«,* werden Sie jetzt sagen, aber ich erlebe es immer wieder, daß Folien aufgelegt werden nach dem Motto: *»Zeigen und vergessen.«* Der Referent ist schon längst weiter, während die Folie vom vorvorletzten Punkt noch an der Wand leuchtet. Projizieren Sie nur die aktuelle Folie. Ist im Moment keine Visualisierung nötig, schalten Sie den Projektor aus. Sie haben sonst ein weißes Rechteck hinter sich an der Wand.

Immer Schwierigkeiten mit der Technik

Ein Gesetz beim Umgang mit Technik lautet: *»Alles, was schief gehen kann, wird auch schiefgehen.«* Sie haben es bei einem Overheadprojektor mit einem technischen Gerät zu tun, und da können Pannen entstehen. Da es keine Normung für Projektoren gibt, genausowenig wie für die Höhe von Stoßstangen, sollten Sie vor Ihrer Präsentation immer einen Technikcheck durchführen. Arbeiten Sie mit einem fremden Projektor, testen Sie vorher das Ein- und Ausschalten. Das spart Ihnen langes Suchen während der Präsentation nach dem Einschaltknopf, der sich manchmal an den unmöglichsten Stellen befindet. Dabei werden Sie auch gleich feststellen, ob das Gerät überhaupt »Saft« hat. Nächste Panne ist das plötzliche Sterben der Birne während der Präsentation. Viele Projektoren besitzen heute eine eingebaute Ersatzbirne, die vorher kontrolliert werden muß. Sollte das nicht der Fall sein, müssen Sie eine dabei haben. Bei wichtigen Präsentationen ist es auch angebracht, einen Ersatzprojektor parat zu haben.

14.1.4 Spezielle Folien-Präsentationen

Abdecktechnik

Der Nachteil bei Folien ist, daß Sie normalerweise die Folie gleich als Ganzes zeigen und keine Gedankengänge entwickeln können. Bei der Abdecktechnik zeigen Sie nicht gleich die ganze Folie, sondern nur einen Teil davon. Den Rest der Folie decken Sie zuerst mit einem Blatt ab. Nach und nach geben Sie den restlichen Inhalt der Folie preis.

Ich bin kein Liebhaber dieser Technik. Aus zwei Gründen. Erstens ist der Gesamteindruck schlecht, wenn nur ein schmaler Sehschlitz projiziert wird. Ich spreche dann von *»Schießschartenpräsentation«*. Zweitens denke ich: *»Da will mir jemand etwas vorenthalten.«* Ich habe lieber erst den Überblick und kann mich dann auf die weitere Erläuterung konzentrieren. Ganz unruhig werde ich, wenn Folien auch zum Schluß nicht ganz aufgedeckt werden, sondern halbgezeigt in der Aktentasche verschwinden. Da will doch tatsächlich einer was verbergen.

Abgesehen davon, birgt die Abdecktechnik auch ein ganz praktisches Problem. Beim Herunterziehen des Abdeckblattes ist irgendwann der Punkt erreicht, wo das Blatt vom Projektor rutscht. Plötzlich ist auf einen Schlag alles sichtbar, was jedenfalls vorläufig verborgen bleiben sollte. Lieber eine Folie mehr als eine mit zuviel Information, die Sie abdecken müssen.

Overlaytechnik

Durch Übereinanderlegen von zwei oder mehr Folien, können Darstellungen ergänzt werden. Dies ist eine schöne Möglichkeit, komplexe Zusammenhänge vom Einfachen zum Komplizierten zu erläutern. Auch die andere Reihenfolge ist möglich. Aus einer vielschichtigen Darstellung entwickeln Sie durch Wegnehmen einzelner Folien die Kernaussage. Oder Sie geben einzelne abgedeckte Elemente nach und nach frei.

Diese Technik birgt aber auch einige Tücken. Das Problem ist, die einzelnen Folien übereinander zu fixieren und das ist oft gar nicht so einfach. Wenn Sie jedesmal drei Minuten zum Justieren der Folien benötigen, wird dies eher die Aufmerksamkeit binden, als der Inhalt Ihrer Präsentation. Mit einem Trick können Sie Abhilfe schaffen. Vor der Präsentation kleben Sie die Folie die hinzukommen soll mit einem Klebestreifen an die andere Folie. Während der Präsentation können Sie dann die Ergänzungsfolie wie eine Buchseite auf die erste klappen, und haben keine Probleme mit der Justierung.

Beispiel: Overlaytechnik

1

2

3

4
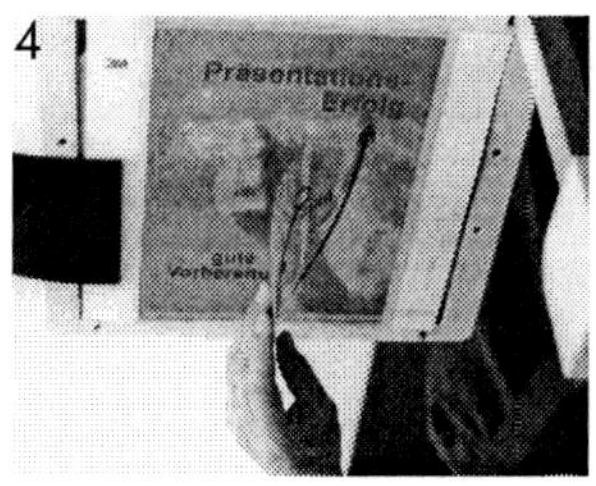

5
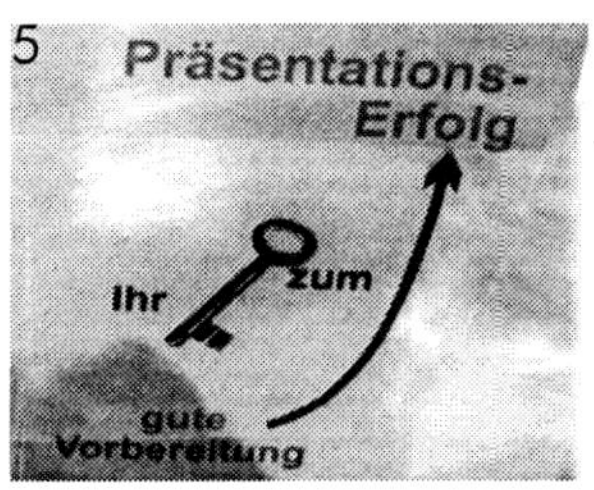

In den nebenstehenden Abbildungen sehen Sie ein Beispiel, bei dem erst ein Teil aufgedeckt und dann ein weiterer wieder hinzugeklappt wird. Die beweglichen Teile sind mit einem Tesafilmstreifen an der Hauptfolie befestigt.

Bild 1: Es ist der Schriftzug »Präsentationserfolg« und eine »schwarze Tür« zu sehen. *»Ihr Präsentationserfolg! Was steckt dahinter? Schauen wir mal hinter die Tür.«*

Bild 2: Die schwarze Tür wird aufgeklappt. Darunter wird jetzt der Schriftzug »gute Vorbereitung« sichtbar.

Bild 3: *»Die gute Vorbereitung steckt dahinter!«*

Bild 4: Jetzt wird der »Schlüssel« dazugeklappt.

Bild 5: *»Gute Vorbereitung ist Ihr Schlüssel zum Präsentationserfolg!«*

Weitere Tips

Lassen Sie Ihrer Phantasie freien Lauf. Ihre Teilnehmer werden aufmerksam zuschauen, wenn Sie eine ungewöhnliche Folie präsentieren.

Denken Sie daran, daß undurchsichtige Teile in der Projektion schwarz werden, also nur als Schatten abgebildet werden. Wenn Sie Folienteile ausschneiden, können Sie diese als Overlay auf die Ausgangsfolie legen, die dann durchscheinend präsentiert werden können. Es gibt auch durchgehend farbige Folien, aus denen Sie Objekte ausschneiden können.

Hier ein paar Anregungen um kreative Folien zu gestalten:

- Beweglich gelagerte Folienteile z.B.: Wippe, Waage
- Drehbare Folienteile z.B.: Uhr, Zeiger
- Lose aufgestreute Objekte z.B.: Körner, Steine
- Aufgelegte Objekte werden als schwarzer Schatten sichtbar z.B.: Schere, Stift, Zahnrad
- Lose aufgelegte Folienteile z.B.: Bewegbare Menschen, Objekte, Maschinenteile, Ufos
- Nicht nur eine, sondern mehrere Overlays übereinander z.B.: Landkarte, bei der zuerst die Berge, dann die Städte und dann die Flüsse und Straßen hinzukommen
- Graphiken, deren Bestandteile durch Overlaytechnik ergänzt werden z.B.: Kreisdiagramm, bei dem die einzelnen Kreissegmente nach und nach hinzugeklappt werden.

14.2 Flipchart

Vorteile

+ Low-Tech, kein Strom nötig. + Leichte Handhabung. + Relativ leichter Transport. + Gut als Spontanmedium geeignet. + Sie können die Flipchartblätter vorbereiten. + Ergänzungen während der Präsentation sind möglich. + Gedankengänge können entwickelt werden. + Einmal erstellte Graphiken können Sie archivieren und wiederverwenden. + Beiträge Ihrer Teilnehmer können direkt festgehalten werden. + Sie können auf vorangegangene Charts zurückblättern. + Wichtige Blätter können an die Wand geheftet werden und sind während der ganzen Präsentation für Ihre Teilnehmer sichtbar.

Nachteile

– Beim Schreiben müssen Sie den Blickkontakt unterbrechen. – Korrekturen sind kaum möglich oder sehr aufwendig. – Die Teilnehmerzahl ist auf maximal 20 begrenzt. – Das leserliche Schreiben erfordert gewisse Übung. – Die Fläche, die Sie zum Schreiben und Zeichnen nutzen können, ist im Vergleich zur nötigen Schriftgröße relativ klein.

14.2.1 Materialkunde zum Flipchart

Das Flipchart

Das Flipchart ist ein Gestell auf drei Beinen, das einen großen Block Papier trägt. Der Block wird durch eine Ringung oder eine Klemmschiene gehalten. Die Ringungen sind keinesfalls genormt. Achten Sie beim Kauf eines neuen Blockes auf den Befestigungsmechanismus.

Der Block

Die Größe des Papierblocks beträgt in der Regel 72 mal 100 cm mit zwanzig Blättern. Ein Papier mit dünn aufgedruckten Linien erleichtert Ihnen das Zeichnen und gleichmäßige Schreiben.

14.2.2 Einsatz des Flipcharts

Bei einem Flipchart können Sie nicht viel falsch machen, wenn Sie ein paar Dinge beachten. Beim Schreiben oder Zeichnen hören Sie auf zu sprechen und schreiben in Ruhe fertig. Auch wenn Ihnen diese Pause sehr lang vorkommt. Dies ist kein Gesetz, aber Sie sollten es sich trotzdem zur Gewohnheit machen. Sie können Flipchartzeichnungen vorbereiten, um sie dann während der Präsentation nach und nach umzublättern. Fügen Sie für unvorhergesehene Erläuterungen ein paar leere Blätter dazwischen. Wenn Sie Graphiken während der Präsentation entwickeln, können Hilfslinien oder Notizen mit Bleistift auf dem Flipchartpapier hilfreich sein.

Halten Sie sich beim Zeichnen und Schreiben an die Gestaltungsregeln aus Kapitel 13, dann werden Ihre Darstellungen lesbar und übersichtlich. Verdecken Sie Ihre übersichtlichen Zeichnungen nicht mit Ihrem Körper. Kontrollieren Sie vorher, ob genügend Blätter vorhanden sind und überprüfen Sie, ob die Stifte noch gut schreiben und nicht ausgetrocknet sind. Die vorhandenen haben oft nicht die richtige Strichstärke. Am besten bringen Sie Ihre eigenen Stifte mit. Manchmal lassen sich Blätter schlecht vom Block abreißen. Tip: Ritzen Sie die Abreißkante mit einer Nadel vor.

14.3 Die Pinwand

In immer mehr Besprechungsräumen finden sich Pinwände. In der Regel werden mit Pinwänden Moderationen durchgeführt. Ich möchte Ihnen hier zeigen, daß sich dieses Medium auch sehr gut für Präsentationen eignet.

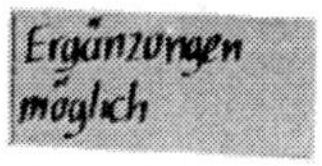

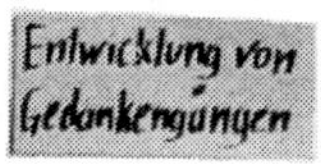

Vorteile

+ Low-Tech + Kein Strom nötig + Leichte Handhabung und relativ leichter Transport + Gut als Spontanmedium geeignet + Vorbereitung der Karten ist möglich + Ergänzungen während der Präsentation sind möglich + Gedankengänge können entwickelt werden + Umstrukturierungen während der Präsentation sind möglich + Einmal erstellte Karten können archiviert und wiederverwendet werden + Beiträge Ihrer Teilnehmer können direkt festgehalten werden + Sachverhalte können nach und nach aufgebaut werden + Relativ große Fläche

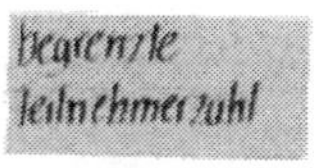

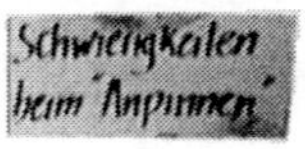

Nachteile

− Beim Schreiben und Anpinnen müssen Sie den Blickkontakt unterbrechen − Die Teilnehmerzahl ist auf maximal 20 begrenzt − Das leserliche Schreiben erfordert Übung

14.3.1 Materialkunde zur Pinwand

Pinwand

Ideal ist eine Stellpinwand. Die Größe der Hartschaumtafel ist meist 122 mal 150 cm mit einer Dicke von 15 mm. Es gibt zusammenklappbare Pinwände mit abnehmbaren Füßen, die gut transportiert werden können. Auch bei Pinwänden gibt es Qualitätsunterschiede von klapprig bis stabil. Sie sollten eine Stellpinwand einer fest montierten Pinwand vorziehen. Sie können gut mit mehreren Pinwänden gleichzeitig arbeiten.

Karten

Pinwandkarten gibt es in vielen Farben und Formen. Die rechteckigen Standardkarten haben meist ein Maß von 9,5 mal 20,5 cm.

Pinwandpapier

Vermeiden Sie es, die Karten direkt auf die Pinwand zu heften. Sie nehmen sich dadurch die Möglichkeit zwischen den Karten zu zeichnen und zu schreiben. Pinwandpapier ist normales Packpapier, das es fertig geschnitten zu kaufen gibt.

Stifte

Achten Sie bei den Stiften darauf, daß die Strichstärke ausreichend ist. 5mm sind gut.

Nadeln

Verwenden Sie keine normalen Schneiderstecknadeln. Die sind zu lang und kommen auf der anderen Pinwandseite durch. Gut sind Nadeln mit den Maßen 4 mal 15 mm oder mit dickerem Kopf in 6 mal 15 mm.

14.3.2 Einsatz der Pinwand

Auf der Pinwand präsentieren

Sie können die Präsentation auf der Pinwand vorbereiten und zum entsprechenden Zeitpunkt die Pinwand herumdrehen. Damit verschenken Sie aber einen großen Vorteil der Pinwand. Sachverhalte lassen sich gut entwickeln. Sie können ein Argument nach dem anderen anpinnen und kommentieren. Die Informationen werden in verdaubaren Häppchen geliefert. Langsam entsteht etwas, das sich zu einem Ganzen zusammenfügt. Sie können jederzeit während der Präsentation Umstrukturierungen vornehmen und die Karten anders anbringen. Auf Einwände können Sie flexibel reagieren, indem Sie eine neue Karte schreiben und hinzufügen.

Karten vorbereiten

Die Karten für Ihre Präsentation können Sie in Ruhe zu Hause vorbereiten. Sie haben dann praktisch Ihren Spickzettel in der Hand. Als Tip: Sie können sich Bleistiftnotizen auf die Karten schreiben. Numerieren Sie die Karten auf der Rückseite durch, so minimieren Sie die Katastrophe, wenn Ihnen die Karten herunterfallen. Wenn Sie sich an die Gestaltungsregeln für die Schrift halten, bekommen Sie gut drei Zeilen auf eine Karte. Arbeiten Sie mit Halbsätzen oder Stichworten auf Ihren Karten.

Karten ergänzen

Mit der Pinwand können Sie gut Ihre Teilnehmer einbeziehen. Kommen Einwände und Ergänzungen, schreiben Sie eine Karte und pinnen sie dazu. Den Karteninhalt können Sie von Ihren Teilnehmern formulieren lassen: *»Wie soll ich diesen Punkt auf der Karte notieren?«*

Das Anpinnen

Testen Sie vorher das Anpinnen, wenn Sie das erste Mal mit einer Pinwand arbeiten. Hier ein paar Tips. Legen Sie sich einen Nadelspeicher auf der Pinwand an. Stecken Sie vorher in die beiden oberen Ecken der Pinwand einen Vorrat an Nadeln. So brauchen Sie die Nadeln nicht in der Hand zu halten. Zum Anpinnen halten Sie mit der linken Hand Ihre Karte, die Sie anpinnen wollen und Ihre restlichen Karten. Mit der rechten Hand holen Sie sich eine Nadel aus dem Vorrat und pinnen die Karte in der Mitte-Oben mit einer Nadel an. Nadel nicht zu langsam einstecken, weil sonst die Pinwand nach hinten wandert. Ein kurzer kräftiger »*pin*« und die Nadel ist »*drin*«. Am besten vorher mal üben.

14.4 Die Tafel

Die Tafel wird oft als nicht mehr zeitgemäßes Medium eingeordnet. In einem modernen Industrie- oder Dienstleistungsunternehmen werden Sie auch keine mehr vorfinden. Aber nicht alle Institutionen sind modern und gerade im Unterricht ist die Tafel häufig anzutreffen. Auch die meisten Hörsäle an den Universitäten sind mit Tafeln ausgestattet.

Vorteile

+ Low-Tech, kein Strom nötig, umweltschonend + Leichte Handhabung + Ergänzungen während der Präsentation möglich + Gedankengänge können entwickelt werden + Beiträge Ihrer Teilnehmer können direkt festgehalten werden

Nachteile

– Beim Schreiben müssen Sie den Blickkontakt unterbrechen – Die Tafel verlockt zu unleserlichem Schreiben – In der Regel nicht transportabel – Die Tafel erinnert an Schule. Das kann negative Assoziationen hervorrufen – Kreidestaub – Darstellungen können nicht vorbereitet und mitgebracht werden

Was Sie beachten sollten

Es gibt zwei Hauptfehler beim Tafeleinsatz. Einmal verleitet das Schreiben an der Tafel zu einer undeutlichen und zu kleinen Schrift. Halten Sie sich auch hier an die Gestaltungsregeln für die Schrift.

Der zweite Fehler ist das Sprechen gegen die Tafel. Auch hier gilt: Schreiben, zu den Teilnehmern drehen und erst dann weitersprechen.

Bringen Sie eigene weiße und farbige Kreide mit, um einem Kreidenotstand vorzubeugen. Auch wenn die Tafel ein gutes Spontanmedium ist, sollten Sie Ihre Tafeldarstellungen wo immer es geht vorplanen und die optische Wirkung in einer Generalprobe testen.

14.5 Die Wandtafel

Unter Wandtafel oder neudeutsch »Whiteboard« verstehe ich hier eine kunststoffbeschichtete Tafel, die mit speziellen Stiften beschrieben werden kann.

Vorteile

+ Low-Tech, bei einer normalen Wandtafel kein Strom nötig + Leichte Handhabung + Ergänzungen während der Präsentation möglich + Beiträge Ihrer Teilnehmer können direkt festgehalten werden

Nachteile

– Beim Schreiben müssen Sie den Blickkontakt unterbrechen – Die Tafel verlockt zum unleserlichen Schreiben – Häufig nicht transportabel

Was Sie beachten sollten

Die Wandtafel bringt keinen großen Vorteil gegenüber der normalen Kreidetafel, außer daß sie etwas professioneller wirkt. Benutzen Sie nur spezielle Wandtafelstifte. Mit einem Tuch oder einem speziellen Wandtafelschwamm läßt sich die Tafel wieder säubern. Oft können sie die Tafel auch als Magnetwand benutzen. Es gibt auch teure Tafeln, sogenannte Copyboards, die per Knopfdruck den Tafelinhalt auf einem DIN A4 Blatt ausdrucken.

14.6 Der Diaprojektor

Vorteile

+ Naturgetreue Darstellung von Bildern

Nachteile

– Der Raum muß dunkel sein – Während der Vorstellung verlieren Sie den Kontakt zu Ihren Teilnehmern – Technisches Gerät mit Tücken – Dias wirken meist nur gut, wenn sie auch professionell gemacht sind

Was Sie beachten sollten

Das Hauptproblem bei Dias ist, daß Sie den Raum verdunkeln müssen. Ist der Raum nicht richtig dunkel, leidet die Qualität Ihrer Diaprojektion. Außerdem läßt die Aufmerksamkeit in den Dunkelphasen nach. Ist die Raumverdunkelung technisch kein Problem und ist dies ohne größere Unruhe durchführbar, können Sie kurze Dia-Blöcke in Ihre Präsentation einschieben. Lieber mehrere kleine Abschnitte als einen großen. Dann verlieren Sie auch nicht so leicht den Kontakt zu Ihrem Publikum. Noch ein Tip: numerieren Sie Ihre Dias durch und kennzeichnen Sie, wo oben ist. Ich habe es einmal erlebt, daß einem Referenten kurz vor der Präsentation der Diakasten heruntergefallen war. Er mußte mit unsortierten Dias durch die Präsentation kommen. Der rote Faden war dahin und ich hatte hinterher einen steifen Hals vom Kopfverdrehen, um gekippte Dias zu erkennen.

14.7 Das Videogerät

Vorteile

+ Naturgetreue Darstellung von bewegten Bildern + Bestimmte Sachverhalte lassen sich durch Filme besser deutlich machen

Nachteile

– Während der Vorführung verlieren Sie den Kontakt zu Ihren Teilnehmern – Technisches Gerät mit Tücken – Ausreichend großer Bildschirm ist notwendig – Videos wirken meist nur gut, wenn sie auch professionell gemacht sind

Was Sie beachten sollten

Häufig ist der Bildschirm für die Teilnehmerzahl zu klein. Abhilfe schafft da nur der Einsatz eines Videobeamers. Das ist ein Gerät zur Projektion von Videobildern auf eine große Leinwand. Oder es sind genügend kleinere Bildschirmgeräte vorhanden, auf die gleichzeitig übertragen werden kann. Der Nachteil von Videoeinsatz ist, daß Sie während der Vorführung den Kontakt zu Ihren Teilnehmern verlieren. Setzen Sie Video so ein, daß nicht alles durch den Film gezeigt wird. Der Inhalt sollte ein Einstieg sein, oder zum Diskutieren anregen.

14.8 Der Visualizer

Der Visualizer ist ein elektronisches Bildwiedergabe- und Präsentationsgerät. Sie können fast jede Art von Orginalvorlage darstellen. Die Wiedergabe erfolgt über Monitor oder Videogroßbildprojektoren. Sie können Bücher, Fotos, Folien, Dias, aber auch dreidimensionale Gegenstände als Vorlage verwenden. Auch Aufnahmen aus dem Raum können übertragen werden. Eindeutiger Nachteil ist, daß Sie eine aufwendige technische Anlage brauchen, die sehr teuer ist. Andere Leute kaufen sich dafür einen Mittelklassewagen.

Vorteile

+ Darstellung mit fast allen Vorlagen ist möglich

Nachteile

– Hoher technischer Aufwand nötig – Teure Anlage – Kann »overstylt« wirken – Ausreichend großer Bildschirm ist notwendig

14.9 Computer und Co.

Der Computer oder Laptop alleine ist kein Präsentationsgerät für eine Gruppe. Was Sie zusätzlich benötigen ist eine Möglichkeit die Computerbilder zu vergrößern und damit für alle sichtbar zu machen. Das geht entweder über ein Overheaddisplay, das ist ein Gerät, das Sie auf den Overheadprojektor legen können, um damit Computerbilder an die Wand zu projizieren. Eine andere Möglichkeit sind sogenannte Videobeamer, die Bilder an eine Leinwand projizieren können. Eine weitere Alternative sind ein großer Bildschirm oder mehrere kleine. Wenn Sie mit akustischen Effekten arbeiten wollen, benötigen Sie natürlich auch Lautsprecher. Dann brauchen Sie noch einen Haufen Kabel, um alles miteinander zu verbinden.

Ihre Präsentation können Sie mit einem entsprechenden Präsentationsprogramm vorbereiten. Wie bei allen Dingen rund um den Computer, ist der Markt hier sehr vielfältig und schnellebig. Damit Sie während Ihrer Präsentation nicht am PC sitzen müssen, gibt es Fernbedienungen, mit denen Sie Ihr Präsentationsprogramm steuern können.

Vorteile

+ Präsentation läßt sich gut vorbereiten + Kann sehr professionell wirken + Viele Effekte sind möglich

Nachteile

– Hoher technischer Aufwand nötig – Teure Anlage – Kann »overstylt« wirken

Was Sie beachten sollten

Der PC im Präsentationseinsatz bietet viele gute Möglichkeiten, ist aber kein Allheilmittel. Vorallem gilt hier der Satz *»Weniger ist mehr«*. Also nicht alle Texte müssen acht Saltos drehen, bevor Sie auf Ihrem endgültigen Platz landen und nicht alle Balken einer Grafik müssen mit Quietschen oder Glockengeläut erscheinen.

14.10 Unterlagen

Oft ist es nötig, daß Sie Ihren Teilnehmern Unterlagen mitgeben. Auch »Handouts« genannt. Gerade wenn Sie die Unterlagen zur Entscheidungshilfe herausgeben, sollten Sie besondere Sorgfalt darauf verwenden. Unterschätzen Sie nicht den zeitlichen Aufwand dafür.

»Sie bekommen anschließend Unterlagen von mir, in denen die wichtigsten Punkte aufgeführt sind.« Die Angst, daß solche Ankündigungen die Teilnehmer zum Abschalten verleitet, ist unberechtigt. Oft erhöht diese Ankündigung die Bereitschaft, entspannter zuzuhören. Ihre Teilnehmer haben nicht mehr das Gefühl, sich unbedingt alles sofort merken zu müssen. Haben Sie vor der Präsentation Unterlagen versandt, gehen Sie nicht davon aus, daß sie von allen gelesen wurden. *»Ich habe Ihnen ja schon ein paar Informationen zukommen lassen. Dann können wir ja jetzt gleich voll in das Thema einsteigen!«*, und schon haben Sie ein paar Teilnehmer zurückgelassen.

Die Unterlagen sollten das Wesentliche knapp und lesefreundlich enthalten. Vervielfältigen Sie nicht einfach Ihr Präsentationsmanuskript. Verteilen Sie die Unterlagen möglichst erst am Ende der Präsentation, sonst ist während und kurz nach dem Austeilen die Aufmerksamkeit weg.

14.11 Checkliste: Medien

Benötigt ✗	Erledigt ✓	
■	■	**Mediencheck**
■	■	**Medien**
■	■	Steckdose
■	■	Verlängerungskabel
■	■	Mehrfachstecker
■	■	________________
■	■	**Overhead**
■	■	Leinwand / weiße Wand
■	■	Ersatzbirne
■	■	Ersatzgerät
■	■	Folien .... Stück
■	■	Folienstifte
■	■	OH Zeiger
■	■	OH Display / Zubehör
■	■	________________
■	■	**Flipchart**
■	■	Flipchartpapier
■	■	Stifte
■	■	________________
■	■	**Pinwände .... Stück**
■	■	Karten
■	■	Pinwandpapier
■	■	Stifte dick / dünn
■	■	Nadeln
■	■	________________
■	■	**Tafel**
■	■	Kreide weiß / bunt
■	■	Schwamm / Lappen
■	■	________________

Benötigt ✗	Erledigt ✓	
■	■	**Wandtafel / Whiteboard**
■	■	Spezielle Schreiber
■	■	Spezieller Schwamm
■	■	________________
■	■	**Dias**
■	■	Projektor
■	■	Dias / numeriert
■	■	Magazine
■	■	________________
■	■	**Video**
■	■	Recorder
■	■	Bildschirm
■	■	Stativ / Kamera
■	■	Kassetten
■	■	Alle Verbindungskabel
■	■	________________
■	■	**Computer**
■	■	Beamer / Bildschirm
■	■	Diskette / CD
■	■	Alle Verbindungskabel
■	■	________________
■	■	**Unterlagen .... Stück**
■	■	________________
■	■	________________
■	■	**Sonstiges**
■	■	________________
■	■	________________
■	■	________________

15

Schwierige Situationen

Wie Sie Ihr Gleichgewicht in schwierigen Situationen bewahren

15 Schwierige Situationen

»Lauter!«

»Das Mikrophon ist kaputt.«

»Lauter!«

Bei Reden können immer wieder unvorhergesehene Dinge passieren. Der Overheadprojektor fällt aus, Sie verlieren den Faden oder/und bekommen eine knifflige Frage gestellt. Ich habe in diesem Kapitel ein paar Tips aufgeführt, wie Sie mit solchen »Katastrophen« umgehen können. Pannentips haben immer einen *»Solange einem das nicht passiert, hört sich das ja ganz plausibel an«* Charakter. Aber Patentlösungen gibt es nicht. Wenn Ihnen ein Malheur passiert, heißt es, das Beste daraus machen und als Erfahrung verbuchen. Es ist keine Schande einen Fehler zu machen. Schlimm ist, ihn immer wieder zu machen. Zwei Tips gelten für alle Katastrophen: Ruhig bleiben und das Malheur nicht tragisch nehmen.

15.1 Lampenfieber

Erhöhte Herzfrequenz, Schweißausbrüche, Kopfschmerzen, Verspannungen, schweißnasse Hände, Durchfall, Magenschmerzen oder Fieber. Und das alles vor der Präsentation! Wer hat so etwas noch nicht erlebt? Was Sie haben ist Lampenfieber.

Ursache des Lampenfiebers

Die Ursache des Lampenfiebers ist die Angst vor den Teilnehmern. Es geht zwar nicht um Leben und Tod und meist noch nicht einmal um Geld, aber dafür stehen andere Dinge auf dem Spiel. Angst nicht anerkannt zu werden, Angst vor Gesichtsverlust, Angst sich zu blamieren oder Angst dem eigenen Anspruch nicht gerecht zu werden. Das Lampenfieber ist dabei eine normale Streßreaktion des Körpers. Stehen Sie dann vor Ihren Teilnehmern und die Präsentation beginnt, ist das Lampenfieber oft wie weggeblasen. Trotzdem sollten Sie aufpassen, daß das Lampenfieber nicht zum Totalausfall führt. Hier sind ein paar Rezepte, wie Sie mit Lampenfieber umgehen können.

Gute Vorbereitung

Je besser Sie sich vorbereiten, desto sicherer fühlen Sie sich. Haben Sie das Gefühl, daß Sie schlecht vorbereitet sind, steigern Sie sich nur in »Katastrophen-Vorstellungen« hinein. Dementsprechend steigt Ihr Lampenfieber. Gute Vorbereitung ist das beste Mittel gegen Lampenfieber.

Lampenfieber anerkennen

Versuchen Sie nicht, das Lampenfieber zu verdrängen. Erkennen Sie es an und lassen Sie es zu. Lampenfieber schützt Sie vor Nachlässigkeit und Schludrigkeit bei der Vorbereitung. Kein Lampenfieber zu haben ist gefährlich. Lampenfieber verbessert Ihre Vortragsqualität. Ein bißchen Aufgeregtheit schadet nicht.

Lampenfieber-Situationen trainieren

Kennen Sie Momente, in denen Sie garantiert Lampenfieber haben? Weichen Sie solchen Situationen nicht aus. Ganz im Gegenteil, begeben Sie sich so oft wie möglich in solche Situationen. Sie werden sehen, es ist wie mit dem Muskelkater. Je öfter Sie trainieren, desto weniger wird Ihr Lampenfieber. Wahrscheinlich geht es nie ganz weg, und das ist auch gut so, aber Sie werden sehen, wie Ihr Lampenfieber von Mal zu Mal geringer wird.

Positive Einstellung

Denken Sie nicht: *»Was könnte alles schiefgehen?« »Wer will mich hereinlegen?« »Was für Fallen kommen auf mich zu?«*, sondern denken Sie positiv: *»Ich bin gut vorbereitet.« »Die Teilnehmer freuen sich auf die Präsentation.« »Die Präsentation wird gut laufen.«*

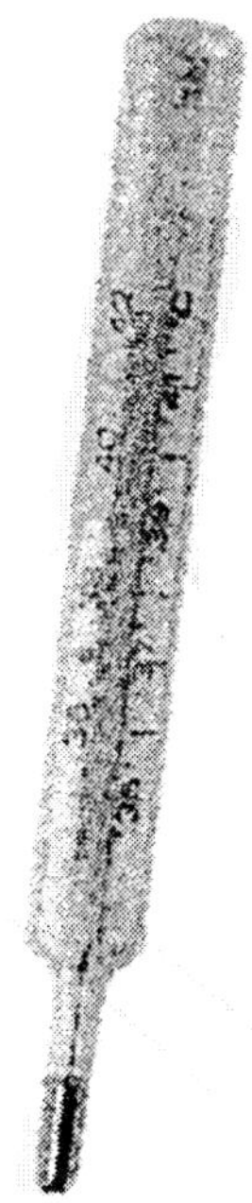

Autogenes Training

Beherrschen Sie das Autogene Training, ist dies eine gute Möglichkeit das Lampenfieber zu minimieren. *»Ich bin ganz ruhig.« »Ich bin sicher und locker.«*, wären Formeln, die Sie vor der Präsentation anwenden könnten.

Bewußt entspannen

Bei Anspannung ziehen wir die Schultern hoch und verkrampfen den Rükken- und Nackenbereich. Das kann zu Kopfschmerzen und Verspannungen führen. Entspannen Sie sich bewußt.

Pünktlich sein

Seien Sie rechtzeitig am Veranstaltungsort. Am besten vor dem ersten Teilnehmer. Nutzen Sie die Zeit, um sich zu sammeln oder nochmal an die frische Luft zu gehen.

15.2 Denkblockaden

Versetzen wir uns ein paar Jahrtausende zurück. Ein Neandertaler streift durch den Wald. Plötzlich springt ein fauchendes Tier aus dem Gebüsch. Will er überleben, muß er blitzschnell reagieren. Flucht oder Angriff? Körperliche Energie wird freigesetzt und die Reaktionen laufen unbewußt ab. Instinktiv entscheidet er sich in diesem Augenblick für die Flucht, läuft davon und rettet sich.

So könnte eine typische Streßreaktion des Herrn Neandertalers ausgesehen haben. In Gefahrensituationen werden Streßhormone ausgeschüttet. Diese Streßhormone verursachen verschiedene Reaktionen im Körper. Die Hormonausschüttung erhöht die körperliche Leistungsfähigkeit. Wir können in kurzer Zeit große körperliche Energien freisetzen. Es passiert aber noch etwas anderes. Mehrere Billionen sogenannter Synapsen regeln den gesamten Informationsfluß in unserem Gehirn. Die bei Streß ausgeschütteten Hormone, hauptsächlich Adrenalin und Noradrenalin, blockieren die Informationsweitergabe an den Synapsen. Nur unbewußte und instinktive Reaktionen laufen noch ab. Das Gehirn kann nicht mehr bewußt »denken«.

Für unseren Freund aus dem Neandertal war das sicherlich ganz sinnvoll. Er brauchte die körperliche Energie, um anzugreifen oder wegzulaufen. Er mußte in Gefahrensituationen blitzschnell reagieren. Finge er erst an zu überlegen, wäre es zu spät. Für ihn war es in einer solchen Situation gut, wenn die bewußten Gehirnfunktionen blockiert wurden. Beide Streßreaktionen waren überlebensnotwendig.

Beginn einer Rede: *»Räusper. Ich darf Sie herzlich beglückwünschen, äh- ... Sie begrüßen zu dürfen ... äh ... äh ... Mei ... Meine Damen und Herren, als ich vor einer Stunde zu Hause war, wußte nur Gott und ich, was ich Ihnen heute sagen würde. - Jetzt ... äh ... weiß es nur noch der liebe Gott.«*

Nun leben wir nicht mehr in Höhlen, aber unser Körper reagiert bei Streß genauso, wie der des Neandertalers. Streßsituationen bei Präsentationen lösen bei uns dieselben Symptome aus. Freisetzung von körperlicher Energie und eine Denkblockade. Nur können wir in so einer Situation beides nicht gebrauchen. Weder wollen wir fliehen, noch unsere Teilnehmer angreifen und die Denkblockade können wir schon gar nicht gebrauchen. Folge dieser Denkblockaden sind oft »Steckenbleiber«, »Verlust des Fadens« und »Verbrecher«, pardon »Versprecher«. Was tun? Sie werden diese Reaktionen nie ganz ausschließen können. Trotzdem gibt es ein paar Strategien, wie Sie in solchen Situationen reagieren können.

Was tun bei Steckenbleibern?

Sie bleiben stecken und wissen nicht weiter. Diese Aussetzer sind zum Glück nur sehr kurz. Die Pause, die durch Ihren Aussetzer entsteht, kommt Ihnen viel länger vor als Ihren Teilnehmern. Wenn Sie den Anschluß wieder gefunden haben, werden Ihre Teilnehmer wahrscheinlich gar nichts von Ihrer Lücke mitbekommen haben. Bleiben Sie ruhig und versuchen Sie Ihre Gedanken zu ordnen. Werfen Sie einen Blick auf Ihr Stichwortmanuskript. Haben Sie mit einem Medium visualisiert, hilft Ihnen eventuell die Darstellung, den Anschluß wiederzufinden.

Eine andere Möglichkeit ist, eine Frage an das Publikum zu stellen. *»Welche Fragen haben sich bis hierher ergeben?«* oder *»Wer hat mit den bisherigen Punkten schon Erfahrungen gemacht?«* Das verschafft Ihnen eine Verschnaufpause. Nach der Beantwortung der Frage hat sich die Denkblockade wieder gelöst. Im extremsten Fall machen Sie eine Pause. *»An dieser Stelle möchte ich gerne fünf Minuten Pause machen.«*

Was tun, wenn der Faden weg ist?

Sie haben sich in eine Gasse hineingeredet und plötzlich ist der Faden weg. Dann war es wahrscheinlich eine Sackgasse. Beste Strategie ist, Rückwärtsgang rein und zurück zur Kreuzung, an der Sie falsch abgebogen sind. Fassen Sie nochmals das Vorherige zusammen, um wieder auf den richtigen Weg zu kommen. *»Bis hierher haben wir folgende Punkte besprochen.«* So brauchen Sie sich nicht mühsam aus der Sackgasse herauszumanövrieren, sondern können sich mit einem neuen Anfang auf den richtigen Weg bringen und den Faden wieder aufnehmen.

Eine andere Möglichkeit ist, Sie geben Ihren Irrtum zu. *»Jetzt habe ich mich etwas verzettelt. Ich komme zum wesentlichen Punkt zurück.«*

Was tun bei Versprechern?

Bei Versprechern gibt es zwei Kategorien. Zum einen Versprecher, die die Verständlichkeit nicht stören und zum anderen welche, die dem Gesagten einen falschen Sinn geben.

Die erste Kategorie übergehen Sie einfach. *»Versprecher sind nicht tragisch. Nach einem kleinen 'Ver(sp)brecher' brauchen Sie sich nicht zu korrigieren, wenn der Sinnzusammenhang klar ist.«* Entschuldigen Sie sich nicht, sondern sprechen Sie einfach weiter.

Bei der zweiten Kategorie ist es wichtig, daß Sie sich verbessern. Wenn der Satz durch Ihren Versprecher einen anderen Sinn ergibt oder die Aussage ins Gegenteil verkehrt wird. *»Abteilung A hat einen größeren Umsatz als Abteilung B. Pardon, ich verbessere mich. Richtig heißt es, Abteilung B hat einen größeren Umsatz als A.«* Langatmige Entschuldigungen sind auch in diesem Fall überflüssig.

15.3 Fragen

Wenn Ihre Teilnehmer Fragen stellen, ist das erstmal sehr positiv. Das zeigt, daß sie Interesse an dem Thema haben. Sie sollten vorher klären, ob Zwischenfragen erwünscht sind oder nicht. Oft werden die Fragen sehr leise gestellt. Die anderen Teilnehmer müssen dann aus Ihrer Antwort die Frage rekonstruieren. Bei einem größeren Teilnehmerkreis wiederholen Sie die Ihnen gestellte Frage laut. Damit stellen Sie auch klar, ob Sie die Frage richtig verstanden haben. Aber Fragen können Sie auch in Schwierigkeiten bringen.

Was tun, wenn Sie die Antwort nicht wissen?

Es kommt eine Frage, und Sie wissen die Antwort nicht. Was nun? Das Beste ist, Sie sagen, daß Sie die Antwort nicht wissen. Rausreden geht meist schief. *»Ich weiß im Moment auch keine Antwort auf Ihre Frage. Hat vielleicht jemand von den Anwesenden Erfahrung mit diesem Punkt.«* Oder Sie bitten den Teilnehmer nach der Präsentation zu Ihnen zu kommen. Dann schlagen Sie ihm vor, die Frage zu klären und ihm die Antwort zukommen zu lassen.

Was tun, wenn Sie die Frage nicht kurz beantworten können?

Sie bekommen während einer Präsentation eine Frage gestellt. Sollten Sie sofort antworten oder später? Wenn Sie kurz antworten können, die Antwort für alle interessant ist oder zum Verständnis nötig, antworten Sie am besten sofort. Bei Antworten, die länger dauern, müssen Sie aufpassen.

Achten Sie auf Ihren Zeitplan. Am besten, Sie verschieben die Antwort an das Ende Ihrer Präsentation. Gut ist, wenn Sie die Frage für alle sichtbar visualisieren. *»Ich notiere mir Ihre Frage und werde am Ende der Präsen-*

tation darauf eingehen.« Diese Vorgehensweise können Sie auch vorher mit Ihren Teilnehmern vereinbaren. *»Wenn Sie Fragen haben, stellen sie diese sofort. Ich werde die Frage notieren und zum Schluß beantworten.«*

Was tun, wenn Fragen über das Thema hinausgehen?

Es kommt immer wieder vor, daß Fragen gestellt werden, die das Thema sprengen würden. Die beste Strategie ist, Sie bitten den Teilnehmer anschließend zu sich, um die Frage zu klären. *»Das ist ein interessanter Aspekt, der hier aber etwas zu weit führen würde. Kommen Sie doch nach der Präsentation zu mir, dann können wir uns darüber unterhalten.«* Passen Sie auf, daß Sie sich nicht in eine Privatdiskussion mit einem Teilnehmer verstricken über ein Thema, das alle anderen nicht interessiert.

Was tun, wenn man Sie hereinlegen will?

Manchmal werden Fragen nicht aus Interesse gestellt, sondern um Sie aufs Glatteis zu führen, um selber schlau dazustehen oder um Ihre Kompetenz zu testen. Bleiben Sie ruhig, lassen Sie sich nicht provozieren und provozieren Sie auch Ihre Teilnehmer nicht zurück. Eine mögliche Reaktion ist mit einer Gegenfrage zu antworten. *»Wo sehen Sie den Zusammenhang zwischen Ihrer Frage und dem Thema?« »Warum interessiert Sie das in diesem Zusammenhang?«* Oder Sie verweisen auf die Tagesordnung und bitten, diesen Punkt zu einem anderen Zeitpunkt zu klären.

15.4 Unruhe bei den Teilnehmern

Wenn Unruhe bei Ihren Teilnehmern entsteht oder sich zwei Zuhörer in ein Privatgespräch vertiefen, begehen Sie nicht den Fehler lauter zu sprechen. Nicht versuchen, gegen die Unruhe anzureden. Sie werden den Kürzeren ziehen. Besser ist es, leiser zu werden oder sogar eine Pause zu machen, bis sich die Unruhe gelegt hat. Das hilft aber nur kurzfristig, denn die Unruhe hat ja eine Ursache. Die häufigsten Ursachen für Unruhe sind Unklarheiten, die man dann versucht mit seinem Nachbarn zu klären oder Übermüdung. Fragen Sie nach der Ursache. *»Ich habe das Gefühl, daß etwas Unruhe aufkommt. Welche Dinge sind noch unklar?« »Was halten Sie davon, wenn wir eine kurze Pause machen?«*

15.5 Pannen

Wenn etwas nicht so läuft, wie Sie es geplant haben, so ist das eine Panne. Präsentationen sind prädestiniert für Pannen. Es gibt technische Pannen, mit denen Sie rechnen müssen. Andere sind unvorhersehbar. Wenn Ihnen die Lampe im Overheadprojektor ausfällt, ist das eine vorhersehbare Panne, die Sie mit entsprechender Vorplanung hätten vermeiden können. Fällt der Strom im ganzen Stadtteil aus, ist das eine unvorhersehbare Panne.

Verhalten bei Pannen

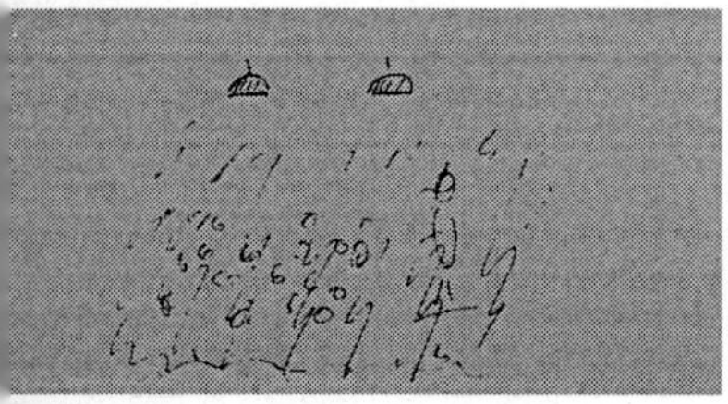

Stromausfall in der ganzen Stadt

Passiert Ihnen ein Malheur, das kann ein heruntergefallenes Skript sein oder das Umfallen einer Pinwand, entschuldigen Sie sich nicht. Sagen Sie nicht: *»Das tut mir leid, daß mir jetzt mein Skript runtergefallen ist.«* Lesen Sie Ihre Zettel auf. Reden Sie dabei nicht weiter. Beseitigen Sie die Panne und sprechen erst dann weiter. Schieben Sie die Panne nicht auf andere. *»Ich habe den Veranstalter extra darauf hingewiesen, daß sich der Raum verdunkeln lassen muß. Wenn Sie die Dias nicht erkennen, ist das nicht meine Schuld.«* Sie sind für Ihre gesamte Präsentation verantwortlich.

16

Wort zum Schluß

Was es noch zu sagen gibt

16 Wort zum Schluß

Ich möchte Ihnen noch einen Ökonom vorstellen. Den Herrn Vilfredo Pareto (1848-1923). Bei der Überprüfung seiner Buchhaltung hatte er festgestellt, daß 20% seiner Kunden 80% des Umsatzes bringen. Bei weiteren Beobachtungen merkte er, daß dieses Zwanzig-Achtzig-Verhältnis auch in anderen Bereichen auftaucht. 20% der Bevölkerung besitzen 80% des Vermögens oder 20% der Fehler verursachen 80% der Kosten. Diese Erscheinung ist als Pareto Prinzip bekannt geworden.

Pareto Prinzip

Was hat das Ganze mit Präsentation zu tun? Sicherlich können und wollen Sie auch nicht *alles*, was ich in diesem Buch beschrieben habe, anwenden. Aber wenn Sie die wichtigen 20% beachten, werden sich Ihre Präsentationen um 80% verbessern. Aber was sind die wichtigen 20%?

Die wichtigen 20%

- Gute Vorbereitung
- Durchführung von Generalprobe und Technikcheck
- Etwas präsentieren, was Ihre Teilnehmer persönlich betrifft
- Reduzieren auf das Wesentliche
- Planen von Anfang (Ohröffner) und Schluß
- Visualisierung einsetzen

Wenn Sie diese sechs Punkte beachten, werden sich Ihre Präsentationen wesentlich verbessern.

Ich bin an Ihrer Meinung interessiert

Hat Ihnen das Buch gefallen oder nicht? Ich würde mich über ein Feedback freuen.

- Was ist gut?
- Was ist schlecht?
- Was sollte wie verbessert werden?
- Was fehlt?
- Worauf sollte näher eingegangen werden?
- Was ist zu ausführlich?

Schreiben Sie mir Ihre Meinung an die Verlagsadresse im Einband. Vielen Dank für Ihr Feedback!

Üben, üben, üben

Zum Schluß die Geschichte von Demostenes:

Demostenes war ein berühmter griechischer Rhetoriker. Aber er war nicht als guter Redner auf die Welt gekommen. Ganz im Gegenteil. Er stotterte und sprach zu leise. Aber damit fand er sich nicht ab. Er legte sich Kieselsteine unter die Zunge, um sich das Stottern abzugewöhnen. Er ging ans Meer und redete gegen die Brandung an, um seine Stimme zu stärken. Er nahm jede Trainingschance wahr, die sich ihm bot und wurde dadurch ein hervorragender Redner.

Schlußappell: Nehmen Sie jede Trainingschance wahr!

Viel Spaß und Erfolg bei Ihren Vorträgen und Präsentationen!

Gert Schilling

17

Quellennachweis

Literaturtips und Bezugsquellen

17 Quellennachweis

17.1 Literatur

Feuerbacher B. **Fachwissen prägnant vortragen.** Sauer Verlag, Heidelberg

Gelb J. M. **Überzeugend Reden, erfolgreich Auftreten.** PLS Verlag, Bremen

Krämer W. **So lügt man mit Statistik.** Campus Verlag, Frankfurt/M

Motamedi S. **Präsentation.** Sauer-Verlag, Heidelberg

Müller-Schwarz U. / Weyer B. **Präsentationstechnik.** Gabler, Wiesbaden

Scheerer H. **Reden müßte man können.** Gabal-Verlag, Speye

Seifert J. W. / Pattay S. **Visualisieren-Präsentieren-Moderieren.** Gabal-Verlag, Speye

Vester F. **Denken, Lernen, Vergessen.** dtv Sachbuch, München

17.2 Lieferanten

Aus der Fülle von Firmen, die Präsentationsmaterial vertreiben, habe ich Ihnen eine Auswahl zusammengestellt.

die trainer werkstatt, Arkadenhof, 21218 Seevetal, Tel. 04105/54350, Fax 04105/54207

Neuland, Industriepark Rhön, 36124 Eichenzell, Tel. 06659/88-0, Fax 06659/88-88

Nitor GmbH, Adlerstraße 44-46, 25454 Rellingen, Tel. 04101/36021, Fax 04101/36630

18

Stichwortverzeichnis

Hier finden Sie´s

18 Stichwortverzeichnis

A

B

C

D

E

F

G

H

I

J

K

L

M

T

U

V

W

Z

Gert Schilling Verlag

Angewandte Rhetorik und Präsentationstechnik

Der Praxisleitfaden für Vortrag und Präsentation

AKTION: »BUCH UND MEHR«
inklusive Overhead-Zeigestab »Hand«

Wollen Sie Ihre Vortragsqualität verbessern? Wollen Sie zielgerichtet präsentieren und teilnehmerbezogen vortragen? Wollen Sie die Aufmerksamkeit Ihrer Teilnehmer wecken und als Referent in Erinnerung bleiben?

Wollen Sie Medien sinnvoll einsetzen und Zahlen in überschaubaren Graphiken darstellen? Wollen Sie mit schwierigen Situationen und schwierigen Teilnehmern besser umgehen? Wollen Sie mit Ihrer Präsentation die Teilnehmer überzeugen? Wollen Sie eine Diskussion anregen, leiten und beenden können?

Mit diesem Buch erhalten Sie eine systematische Beschreibung der Vortrags- und Präsentationstechniken. Der Schreibstil ist locker, bildhaft und verständlich. Das Buch enthält viele Abbildungen und Graphiken.

Gert Schilling / 19,-€ / 21x25 cm / 150 Seiten / inc. Overhead-Zeigestab »Hand« / viele Bilder / ISBN 3-930816-58-X

Gert Schilling Verlag

Video: Moderationstechnik - Grundlagen und Tipps

Vortrag von Gert Schilling

Mit diesem Video erhalten Sie eine systematische Darstellung der wichtigsten Moderatonstechniken in einem lebendigen Vortrag. Die einzelnen Techniken werden anhand von interessanten Beispielen erläutert und mit zahlreichen Praxistipps ergänzt.

Aus dem Inhalt:

- Was ist Moderation?
- Fragetechniken in der Moderation
- Rolle des Moderators
- Strukturierungsmöglichkeiten in der Moderation
- Vorbereitung einer Moderation

Einblicke in das Video erhalten Sie unter www.gert-schilling.de

Gert Schilling / 19,-€ / VHS Video / 65 Minuten

Gert Schilling Verlag

Verkaufstraining

Der Praxisleitfaden für das beratende Verkaufsgespräch

AKTION: »BUCH UND MEHR«
inklusive Diskette

Mit diesem Buch erhalten Sie eine systematische Beschreibung der Verkaufstechniken für das beratende Verkaufsgespräch.

Aus dem Inhalt: Verkaufsphilosophie, die optimale Vorbereitung, so schaffen Sie ein positives Gesprächsklima, durch die richtige Fragetechnik die Kundenbedürfnisse erfahren, Nutzen und Vorteile überzeugend präsentieren, Kundeneinwände durch Einwandbehandlung auflösen, sichere Preisnennung und Preisverhandlung, erfolgreicher Verkaufsabschluss, langfristige Kundenbindung.

Zum Buch erhalten Sie eine Diskette mit Checklisten und Formularvorschlägen.

Gert Schilling / 19,-€ / 21x25 cm / 115 Seiten / inkl. Diskette / viele Bilder / ISBN 3-930816-61-X

Overhead-Zeigestäbe

Der Aufmerksamkeitswecker für Ihre Präsentation

Bei einer Präsentation wollen Sie die Aufmerksamkeit Ihrer Teilnehmer auf einen bestimmten Punkt Ihrer Overheadfolie lenken? Jetzt gibt es verschiedene Möglichkeiten für Sie:

1. Möglichkeit: Sie zeigen etwas an der Projektionswand und verdecken mit Ihrer akrobatischen Übung die halbe Darstellung.

2. Möglichkeit: Sie zeigen mit dem Finger kurz auf die Folie, und Ihre Teilnehmer sehen einen Schatten über die Darstellung huschen (Batman-Effekt).

oder:

Sie haben einen Overhead-Zeigestab. Den können Sie auf der Folie ablegen, und die Aufmerksamkeit Ihrer Teilnehmer ist die ganze Zeit auf den Punkt gerichtet, welchen Sie gerade erläutern. Sie können vom Overheadprojektor zurücktreten, sind in Haltung und Gestik nicht behindert und geben den Blick auf Ihre Darstellung frei.

Overhead-Zeigestab »Hand« ✤ Material: Plexi farbig / fluoreszierend / durchscheinend ✤ Größe: ca. 17 cm lang / 3 mm dick ✤ Farbe: rot ✤ Preis: Stück 5,- € / 5 Stück 20,- € (plus 1,50 € Porto pauschal) ✤ Inklusive zwölfseitigem Heft »So setzen Sie den Overhead-Zeigestab wirkungsvoll ein« und »Tipps zur Foliengestaltung«

Overhead-Zeigestab »Pfeil« ✤ Material: Plexi farbig / fluoreszierend / durchscheinend ✤ Größe: ca. 14 cm lang / Vierkantstab 10x10 mm ✤ Farben: rot / grün / gelb / blau ✤ Preis: Stück 7,50 € / 5 Stück 30,- € (plus 1,50 € Porto pauschal) ✤ Inklusive zwölfseitigem Heft »So setzen Sie den Overhead-Zeigestab wirkungsvoll ein« und »Tipps zur Foliengestaltung«

Schilling Seminare

Schilling Seminare

Interesse an einem Seminar?
Ich biete Seminare zu folgenden Themen an:

- Moderationstraining
- Gruppenarbeit
- Präsentationstraining
- Kreativitätstechnik
- Projektmanagement
- Kommunikationstraining
- Telefontraining
- Verkaufstraining
- Zeit- und Selbstmanagement
- Train the Trainer

Kontaktadresse: Seminare und Verlag

Dipl.-Ing. Gert Schilling
Dieffenbachstraße 27
10967 Berlin

Tel. 030 / 690 418 46
Fax 030 / 690 418 47

mail@gert-schilling.de

www.gert-schilling.de

Der Besuch im Internet lohnt sich! Kostenlose Dateien zum Downloaden!

Datein und Checklisten zum Thema
+ Projektmanagement + Verkaufstraining

Cartoons und Bilder zum Thema
+ Präsentation + Moderation + Verkauf

Videoclips, Online Workshop zum Thema
+ Moderation

Hefte zum Thema
+ Seminarspiele + Präsentation

Einblicke in alle Bücher, Bestellmöglichkeit und mehr ...

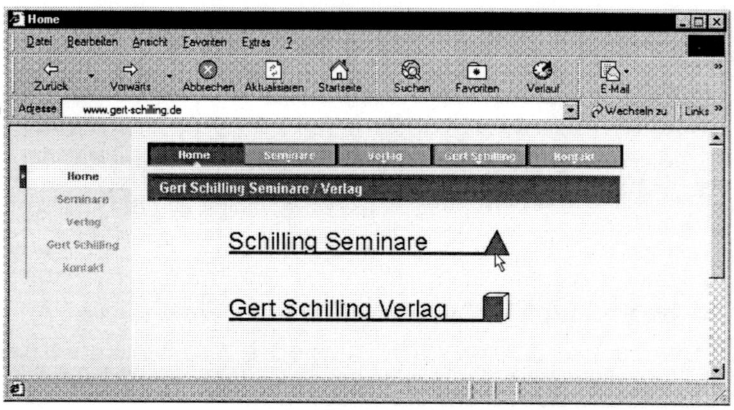

Rückbrief / Rückfax

Name ______________________

Straße ______________________

PLZ Ort ______________________

Tel./Fax ______________________

Email ______________________

Ich bestelle folgende Anzahl Exemplare:
(für Sie entstehen keine Versand- oder Portokosten)

_____ Angewandte Rhetorik und Präsentationstechnik (19,- €)

_____ Moderation von Gruppen (19,- €)

_____ Projektmanagement (19,- €)

_____ Verkaufstraining (19,- €)

_____ Video, Moderationstechnik (19,- €)

_____ Heft, Auflockerungs- und Lernspiele (9,- €)

Gert Schilling
Dieffenbachstraße 27
10967 Berlin
Tel. 030 / 690 418 46
Fax 030 / 690 418 47
mail@gert-schilling.de

Ich bestelle folgende Overhead-Zeigestäbe
»Hand« Stück 5,- € / 5 Stück 20,- € (plus 1,50 € Porto pauschal)
»Pfeil« Stück 7,50 € / 5 Stück 30,- € (plus 1,50 € Porto pauschal)

_____ »Hand« Farbe rot

_____ »Pfeil« Farbe rot   _____ »Pfeil« Farbe grün

_____ »Pfeil« Farbe gelb   _____ »Pfeil« Farbe blau

Rückbrief / Rückfax

Name ______________________

Straße ______________________

PLZ Ort ______________________

Tel./Fax ______________________

Email ______________________

Ich bestelle folgende Anzahl Exemplare:
(für Sie entstehen keine Versand- oder Portokosten)

_____ Angewandte Rhetorik und Präsentationstechnik (19,- €)

_____ Moderation von Gruppen (19,- €)

_____ Projektmanagement (19,- €)

_____ Verkaufstraining (19,- €)

_____ Video, Moderationstechnik (19,- €)

_____ Heft, Auflockerungs- und Lernspiele (9,- €)

Gert Schilling
Dieffenbachstraße 27
10967 Berlin
Tel. 030 / 690 418 46
Fax 030 / 690 418 47
mail@gert-schilling.de

Ich bestelle folgende Overhead-Zeigestäbe
»Hand« Stück 5,- € / 5 Stück 20,- € (plus 1,50 € Porto pauschal)
»Pfeil« Stück 7,50 € / 5 Stück 30,- € (plus 1,50 € Porto pauschal)

_____ »Hand« Farbe rot

_____ »Pfeil« Farbe rot   _____ »Pfeil« Farbe grün

_____ »Pfeil« Farbe gelb   _____ »Pfeil« Farbe blau